Mary L. Trump

TOO MUCH AND NEVER ENOUGH

永不滿足

我的家族如何製造出唐納・川普

HOW MY FAMILY CREATED
THE WORLD'S MOST DANGEROUS MAN

瑪莉・川普——著

周辰陽、季晶晶、郭宣含、陳韻涵——譯

獻給

我的女兒艾佛瑞（Avary）

和

我的父親

若靈魂被留於黑暗，罪將孳生。
有罪者不是那個犯下罪愆之人，而是製造黑暗之人。
——雨果，《悲慘世界》

目次

作者註記

這本書大多數的內容來自我自己的記憶。對於我不在場期間所發生的事件，則依據訪談我的家族、家族朋友、鄰居和同事，其中許多事都是有紀錄的。我根據個人的回憶與他人的回溯告知，重建部分對話。比起提供逐字引述，我讓書中出現對話的目的，是希望重新創造談話的本質。我也參考法律文件、銀行對帳單、納稅申報表、私人日記、家族文獻、通信、電郵、簡訊、電報與其他紀錄。

在大致的背景上，我仰賴《紐約時報》（*New York Times*），特別是大衛．巴爾斯托（David Barstow）、蘇珊娜．克雷格（Susanne Craig）與羅斯．布特納（Russ Buettner）於二〇一八年十月二日刊出的調查報導；《華盛頓郵報》（*Washington Post*）、《浮華世界》（*Vanity Fair*）、《政客》雜誌（*Politico*）、環球航空博物館（TWA Museum）網站，還有諾曼．文森．皮爾（Norman Vincent Peale）的《正面思考的力量》（*The Power of Positive Thinking*）。在「越野障礙賽馬樂園」（Steeplechase Park）的背景方面，我感謝康尼島歷史計畫（Coney Island History Project）網站、《布魯克林報》（*Brooklyn Paper*）和舒茲（Dana Schulz）於二〇一八年五月十四日刊登於6sqft.com的文章。謝謝麥亞當（Dan P. McAdams）在「情節人物」（The Episodic Man）的洞察力。在家族歷史、川普家族企業相關訊息和被控的罪名上，我感謝已故的巴瑞特（Wayne Barrett）、科恩（David Corn）、德安東尼奧（Michael D'Antonio）、約翰斯頓（David Cay Johnston）、歐布萊恩（Tim O'Brien）、皮爾斯（Charles P. Pierce）與瑟維爾（Adam Serwer）等記者的報導。也感謝布萊爾（Gwenda Blair）、克拉尼許（Michael Kranish）和費雪（Marc Fisher）——但我父親過世時，是四十二歲，不是四十三歲。

前言

我一向喜歡我的姓氏。身為一個在一九七〇年代起就參加帆船營的孩子，每個人都叫我「川普」。這是自豪的根源，但不是因為川普與權力及房地產連在一起的關係（當時，我的家族在布魯克林與皇后區外沒沒無聞），而是因為發音本身有幾分適合年僅六歲、堅韌又無所畏懼的我。一九八〇年代，當我進入大學就讀，我的唐納叔叔開始將他在曼哈頓所有的大樓進行品牌化時，我對自己姓氏的感覺變得更複雜了。

三十年後的二〇一七年四月四日，我身處美鐵（Amtrak，美國國家鐵路客運公司）開往華府列車的安靜車廂中，要去白宮參加家族晚宴。我在十天前收到電子郵件，邀請我去參加瑪麗安姑姑（Maryanne Trump Barry）的八十大壽，和伊莉莎白姑姑（Elizabeth Trump Grau）七十五歲的生日慶祝會。她們的弟弟唐納，自當年一月即入主白宮裡的橢圓辦公室。

走出有著拱型天花板與黑白相間大理石地板的聯合車站，我經過一位攤商，他的貨架上放著待售的胸章別針，我的姓氏鑲在紅圈中，被一條紅色斜線劃過，還有「驅逐川普」（DEPORT TRUMP）、「扔掉川普」（DUMP TRUMP）和「川普是巫妖」（TRUMP IS A WITCH）等字樣。我戴上太陽眼鏡，加快步伐。

我攔下一輛計程車，前往我家人所在的川普國際飯店，我們被招待留宿一晚。登記入住後，我走過中庭，抬頭看著玻璃天花板與上方的藍天。大拱梁在空中懸起，三層水晶吊燈則掛在中央小梁上，投射出柔和的燈光。一側是排成一組組、有著皇室藍、知更鳥蛋藍和象牙色的扶手椅、中沙發和長沙發，另一側的桌椅則圍繞著大酒吧，我跟我哥哥約好稍後在此碰面。我曾以為飯店會充滿鑲金而顯得庸俗，並非看來如此。

我的房間同樣風格雅緻，但我的名字被貼得到處都是、無所不在：川普洗髮乳、川普護髮乳、川普拖鞋、川普浴帽、川普鞋油、川普針線包、川普浴袍。我打開冰箱，取出一瓶川普白酒，全灌進我的川普喉嚨，好在我的川普血管迅速流動，直擊我川普大腦裡的快樂中樞。

一小時後，我見到我哥哥佛瑞德里克・克里斯特・川普三世（Frederick Crist Trump, III）與他的妻子麗莎（Lisa）。我倆還是孩子時，我就叫他佛瑞茲（Fritz）。其他受邀者很快現身：我的瑪麗安姑姑，她是佛瑞德與瑪麗・川普（Fred and Mary Trump）五名子女的老大，也是受尊敬的聯邦上訴法院法官；排行老么的羅伯特叔叔（Robert Trump）跟女友一起出席，他曾是唐納在大西洋城（Atlantic City）的員工之一，但為時甚短，一九九〇年代早期就不歡而散；排行老三的伊莉莎白姑姑與她的先生詹姆斯・格勞（James Grau）；我的堂弟、瑪麗安姑姑的獨子、也是川普家族的長孫大衛・戴斯蒙（David William Desmond）與太太，還有幾位姑姑的密友。唯一一位不會現身慶祝會的川普手足就是我父親，小佛瑞德里克・克里斯特・川普（Frederick Crist Trump, Jr）。他是長子，每個人都叫他佛瑞迪（Freddy），已經去世超過三十五年了。

等我們終於集合完畢，和門外的白宮維安特工登記後，就像一支二軍曲棍球隊一樣，隨便地擠進兩輛派來的白宮廂型車。有些年長的賓客走起路來踉踉蹌蹌，縮進長型座椅後讓大家很不舒服。我琢磨著，為什麼白宮沒想過，至少派一輛加長型豪華轎車來接我的姑姑們。

十分鐘後，我們乘坐的車開上白宮南草坪的車道，兩名警衛走出維安崗哨，檢查廂型車底後，才放我們穿越大門。又開過一小段路，車子在一棟和白宮東翼相鄰的小型維安建築前停下，把我們都放了下來，點完名後，我們才一個接一個進去，交出手機與包包，然後走過金屬感應門。

一踏入白宮，我們三三兩兩穿越長廊，經過可看到花園與草坪的窗戶，越過前第一夫人們的等身大肖像畫。我在希拉蕊・柯林頓的畫像前駐足，沉默地等上一分鐘。我再次思忖，這種事怎麼可能發生。

我從來不曾想過自己會有理由造訪白宮，而且肯定不是在這種情況下，整個感覺就是荒誕離奇。我環顧四周，白宮優雅、莊嚴、宏偉，而我就要見到住在這裡的叔叔，這是我們八年來第一次見面。

我們離開走廊的遮蔭處，進到環繞玫瑰園（Rose Garden）的柱廊，最後停在橢圓辦公室外。我的目光越過落地玻璃門，看到一場還在進行的會議。副總統潘斯（Mike Pence）站在一旁，但眾議院議長萊恩（Paul Ryan）、參議員舒默（Chuck Schumer）及十來位國會議員與幕僚則環繞在坐在堅毅桌（Resolute

Desk，譯注：一張製作於十九世紀的書桌，被多位美國總統作為辦公桌使用）後的唐納周圍。

眼前的場面讓我想起祖父的一招戰術：總讓哀求者來找他，不是在布魯克林的辦公室，就是在皇后區的住家中，他一直坐著，讓他們站著。一九八五年秋季下旬，從塔夫茨大學（Tufts University）休學一年後，我就是這樣站在祖父面前，請他允許我復學。他看著我說道：「愚蠢，妳復學是要做什麼？就去念職校當個接待小姐吧。」

「因為我想拿到我的文憑。」我把話說出口時，必然帶著一絲惱火，因為祖父瞇眼看著我一秒鐘，好像重新打量我似的。他的嘴角譏嘲地揚起，接著大笑出聲：「真噁心。」

幾分鐘後，會議解散了。

橢圓辦公室比我想像的還要小，也沒那麼舒適。我堂弟艾瑞克（Eric Trump）與（我從沒見過的）妻子賴拉（Lara Trump）就站在門旁，所以我去打招呼：「嗨，艾瑞克。我是你堂姐瑪莉。」

「我當然知道妳是誰。」

「好吧，有一陣子沒見了。」我說：「我想我們上次見面，你還在讀高中。」

他聳聳肩說：「可能真是如此。」沒有自我介紹，他跟賴拉就這樣走了。我環顧四周。梅蘭妮亞（Melania Trump）、伊凡卡（Ivanka Trump）、傑瑞德（即伊凡卡的丈夫庫許納，Jared Kushnar）與唐尼（即小川普，Donny Trump Jr.）都到了，站到依然坐著不動的唐納身旁。潘斯持續隱身在橢圓辦公室的另一側，臉上掛著半死不活的笑容，就像大家避之唯恐不及的監護人。

我盯著他，希望來個眼神交會，但他從沒朝我看來。

「各位，不好意思。」白宮攝影師是一位身穿深色褲裝的嬌小年輕女子，她將聲音拉高：「大家就聚在一塊兒，我好在上樓前拍些照片。」她指揮著我們圍繞唐納，他依然沒有起身。

攝影師舉起相機說：「一、二、三，微笑。」

等到照片拍好，唐納才起身，指著堅毅桌後方的另一張桌上，那裡擺了一幀祖父的黑白相片。「瑪麗安，那不是爸爸最棒的照片嗎？」我祖父母宅邸圖書室邊桌上，也放著同一張相片。相片裡的祖父仍是名黑髮、蓄鬍、髮線正在向後退的年輕男子，在失智症發作前，我從未見過那一副熱衷於發號施令的模樣有任何動搖的時候。那張照片，我們已見過不計其數。

瑪麗安提議：「或許你也該放張媽媽的相片。」

「這主意棒透了。」唐納說得好像他從沒想到一樣。「誰來找張媽媽的相片給我。」

我們在橢圓辦公室又多逗留了幾分鐘，輪流坐到堅毅桌後。我哥哥幫我拍照，當我之後細看時，注意到祖父在我身後，像鬼魂一般盤旋。

我們和白宮歷史學家就在橢圓辦公室外會合，接著到二樓的行政官邸（Executive Residence）參觀，隨後才是共進晚餐。上樓後，我們進入林肯臥室（Lincoln Bedroom）。我快速瀏覽房內，意外看到床頭桌上留了一顆只吃一半的蘋果。當歷史學家跟我們說著林肯臥室歷年曾發生過的故事時，唐納時不時暗示和宣稱：「這地方自喬治．華盛頓住過後，就從沒這麼好過。」歷史學家太有教養了，沒有當場更正白宮是直到華盛頓去世後才落成。我們一行人回到一樓走廊，朝條約廳（Treaty Room）與行政宴會廳（Executive Dining Room）走去。

唐納站在門口，迎接入內的賓客。我是最後一個抵達的。我還沒來得及說哈囉，但他看到我，就一臉驚訝地指著我說：「我特別要求妳要到場。」他常說這一類的話來迷住他人，也很有看場合修改說法的本領，因為我知道他說的不是真的，也就格外印象深刻。他張開雙臂，接著是我人生首度被他擁抱。

我首先注意到行政宴會廳的美觀，像抛光到完美的深色木材、精緻餐具以及座位名牌和菜單的手寫字體。菜單寫著捲心萵苣沙拉、川普家族主菜的馬鈴薯泥和腓力牛排。我坐下後，接著又注意到座位安排。在我的家族中，你總能從席次的安排上判斷出自己的價值，但我不介意。像我的哥哥、嫂嫂、瑪麗安姑姑的繼女和她丈夫，坐在我附近的人都讓我感到自在。

每一位侍者都帶著一瓶紅酒和一瓶白酒。真正的酒，不是川普牌的酒，這倒是出乎意料。在我的整個人生中，家族聚會從來不上任何酒類飲料。我祖父母的宅邸就只有可樂和蘋果汁。

飯吃到一半，庫許納踏入宴會廳。「喔，看哪，」伊凡卡拍手說道：「傑瑞德從中東之旅歸來了！」好像我們剛剛沒在橢圓辦公室看到他似的。他走向他的妻子，在她的臉頰飛快地吻一下，隨後朝著坐在隔壁的唐納俯身，兩人悄聲說上幾分鐘的話，接著傑瑞德就離開了，完全沒跟任何人打招呼，甚至連我的姑姑們也沒有。就在他跨過門檻時，唐尼從座位彈起，蹦蹦跳跳地追上去，就像一隻興奮的小狗。

當甜點上桌時，羅伯特拿著高腳酒杯起身。「非常榮幸能與美國總統共處一室，」他說：「總統先生，謝謝你容許我們來此慶祝我們姐妹的生日。」

我回想起家族最後一次在布魯克林的彼德魯格牛排館（Peter Luger Steak House）慶祝父親節。當時，就像現在，唐納與羅伯特比鄰而坐，我就在他們的正對面。沒有任何解釋，唐納就轉向羅伯特說道：「你看。」他露出牙齒，指著嘴巴。

「什麼？」羅伯特問道。

唐納只是把嘴唇更往下拉，更用力地指著。

羅伯特開始顯得緊張。我不知道發生什麼事，但我啜飲著可樂，饒富興趣地看著。

「你看！」唐納咬牙切齒地說著：「你覺得怎麼樣？」

「你是什麼意思？」羅伯特的尷尬顯而易見。他環顧四周，確保沒有人盯著他看，然後小小聲地說：「我的牙齒上有什麼東西嗎？」桌上四處都是裝著奶油菠菜的碗，渲染出那明顯的可能性。

唐納放鬆嘴唇，手也收回去。他臉上的輕蔑總結著他們的整段關係史。「我把牙齒漂白了。你覺得怎麼樣？」他乾巴巴地問著。

羅伯特致詞完畢後，唐納還是一臉倨傲地看著他。

大約二十年前，我在彼德魯格牛排館看過同樣的場景。

接著，唐納手握玻璃瓶裝的健怡可樂，向我的姑姑們致上一些馬馬虎虎的生日賀詞，隨後又朝他的媳婦比手勢。「那邊的賴拉。」他說：「說實話啦，我幾乎連她是他媽的誰都不知道。但在喬治亞州造勢時，她發表一篇超棒的演說支持我。」賴拉和艾瑞克那時已在一起快八年了，唐納至少在他們的婚禮上見過她吧。但這話聽起來，倒像他仍不知道她是誰，直到她在選舉造勢大會上說些他的好話。唐納還是老樣子，故事比真相更要緊。特別是謊言如果能讓故事更好聽時，真相可以輕易拋到腦後。

換瑪麗安講話時，她說：「我要謝謝你跑一趟來慶祝我們的生日。自從唐納還是同樣一個調皮鬼，讓佛瑞迪把一碗馬鈴薯泥往他頭上倒的那一晚後，我們已經改變很多。」每一個熟悉馬鈴薯泥傳奇故事的人都笑了，每一個人，就唐納沒有。一臉陰沉的他一邊聽、一邊雙手緊緊抱胸。無論瑪麗安何時提起，他的表現都如出一轍。這讓他不開心，好似他還是那個七歲男孩。很久以前的那份羞辱，顯然仍讓他耿耿於懷。

之前追著傑瑞德而去的唐尼堂弟回來，主動起身講話。他不是向姑姑們敬酒，而是發表某種造勢演說。「去年十一月時，美國人民看到一些特別的情事，將票投給一位了解他們的總統。他們看到這個家族多麼偉大，他們連結上我們的價值觀。」我瞥向我哥，翻了翻白眼。

我向一位侍者招手。「能多給我一些酒嗎？」我問道。

他很快帶著兩瓶酒回來，問我想要紅酒或白酒。

「是的，麻煩了。」

甜點一吃完，大家都起身。從我們進到橢圓辦公室後，只過了兩個鐘頭，但飯吃完了，也該是離開的時候了。從頭到尾，我們在白宮度過約兩倍於我們曾在祖父母宅邸過感恩節或耶誕節的時間，但和唐納在一起的時間，仍少於兩星期後、他與搖滾小子（Kid Rock）、莎拉．裴琳（Sarah Palin）與泰德．納金特（Ted Nugent）的會面。

有人建議我們都去跟唐納個別拍照（而不是跟貴賓）。輪到我的時候，唐納朝著鏡頭微笑，豎起大拇指，但我能看到微笑背後的精疲力竭。就像保持興高采烈的假象讓他氣餒。

趁著我哥跟他合影時，我告訴他：「別因為他們而沮喪。」沒過多久，他的第一位國家安全顧問被掃地出門，總統大位已開始顯現裂痕。

唐納伸出下巴、咬緊牙關，有一剎那看起來像是我祖母的鬼魂。「他們抓不到我的。」

唐納在二〇一五年六月十六日宣布競選總統時，我絲毫不以為意，我不覺得唐納是認真的，他只不過是要讓他的品牌免費曝光，以前他就做過類似的事。當他的民調數字開始升高時，可能得到俄羅斯總統普丁心照不宣的保證，俄國會盡一切所能，將選戰扭轉成對他有利的情勢，勝選的吸引力增加了。

「他是個小丑。」當時，瑪麗安姑姑在我們一場例行的午餐會上說道：「這永遠不可能發生。」

我點頭。

我們談到過氣的實境秀明星和失敗商人等名聲會怎麼摧毀他的競選。我問：「有哪個人真信他白手起家的狗屁？他真靠自己成就什麼？」「這個嘛，」瑪麗安的聲音跟撒哈拉沙漠一樣乾，「他已經破產五次了。」當唐納開始講到鴉片類藥物的氾濫危機，用我父親的酗酒史擦亮他反藥物成癮的誠意，使自己看似更富同情心時，我們兩人都火大了。「他為了政治目的利用妳父親的記憶。」瑪麗安說：「那是罪啊，特別是佛瑞迪才應該成為家族的明星。」

我們覺得唐納在參選演說上公然展現種族歧視會導致選戰破局，但佛威爾（Jerry Falwell Jr.）與其他白人福音派基督徒開始支持他競選時，我們醒悟了。自五十年前皈依天主教後，瑪麗安就是虔誠的信徒，這個消息讓她暴跳如雷。「他們是他媽的有什麼毛病？」她說：「唐納只在攝影機擺出來時上教堂，真是匪夷所思。他毫無原則，完全沒有！」

從詆毀可說是美國史上最夠格的總統候選人、前國務卿希拉蕊為「噁心女人」開始，到嘲笑《紐約時報》的身障記者柯瓦勒斯基（Serge Kovaleski），唐納在選戰期間的言詞都沒有偏離我對他的預期。其實，我記得我曾參加過的每一場家族聚餐，唐納常在席間談到所有他覺得醜、肥、懶的女人，不然就是貶損比他有造詣或更有權力的男人是輸家，這時祖父、瑪麗安、伊莉莎白和羅伯特都會大笑著並加入其中。那種將人們不經意地非人化，是川普家晚餐桌上常見的風景。「真正」讓我驚訝的是，他一直成功脫身，甚至讓他獲得提名。我曾覺得會讓他失去競選總統資格的因素，似乎只強化他對基本盤的吸引力。我還是不擔心，我相信他絕不會當選。

然而，光是他有機會的想法就夠讓人不安了。

遲至二〇一六年夏季，我才考慮說出我知道唐納完全沒資格選總統的想法。此時的他，已相對安然無恙地擺脫共和黨全國代表大會以及他號召「憲法第二修正案擁護者」阻止希拉蕊等風波的陰影。哪怕他攻擊戰死於伊拉克的胡馬雍・汗陸軍上尉（Humayun Khan）的父母、「金星雙親」吉澤爾與加札拉・汗（Khizr and Ghazala Khan），似乎也不成問題。《前進好萊塢》（*Access Hollywood*）影片曝光後，多數接受民調的共和黨員仍然支持他時，我知道我做出正確的決定。

我開始覺得，我彷彿正看著以唐納為主角的家族史盛大揭幕。一如我父親過去所經歷的，唐納在競賽中被要求的標準更高，但他卻持續以粗魯、不負責任與卑鄙的舉動擺脫懲罰，甚至因此獲得獎勵。「這不可能再有機會發生。」我想，但事與願違。

媒體未能注意到，在整個競選活動期間，除去他的孩子、他的女婿、他的現任妻子外，沒有一位唐納的家族成員發言支持他。瑪麗安告訴我，她運氣好，因為身為聯邦法官，她必須保持客觀。考慮到她是他的姐姐，又有著專業聲譽，要是她開口說唐納完全不適合當總統，或許就成為美國唯一一個可能帶來改變的人。但她要保守自己的祕密，當她選後告訴我說，她基於「家族忠誠」，還是把票投給自己的弟弟時，我也沒有太過意外。

在川普家族成長，特別是身為佛瑞迪的孩子，是有一定的挑戰的。某種程度來說，我其實極端幸運。我在卓越的私立學校求學，人生大多數時間都有頂級醫療保險的照護。只不過，我們全家人也都有一種內在的匱乏感，但其中不包含唐納。祖父於一九九九年過世後，我才知道遺囑已抹除我父親這一門，彷彿佛瑞德．川普的長子從未存在過，隨後我們便對簿公堂。最後，我得出結論，如果我開口質疑我的叔叔，我就會被修理成想發大財卻等不到財產、因而心懷不滿想算舊帳的姪女。

要理解是什麼造就今日的唐納和我們所有人，我們得從我祖父與他自己的認同需求說起，這個需求驅使他鼓勵唐納不顧後果地膨風，培養與其不相稱的自信，好隱藏唐納的病態脆弱和不安全感。

當唐納長大，他被迫成為自己的啦啦隊。首先，他需要父親相信，他是一個比佛瑞迪更好、更有自信的兒子。其次，正是因為佛瑞德要他變成這樣。最後，是因為唐納開始相信他自己的炒作，即使他內心矛盾，抱持無人能及的極度懷疑。選戰期間，唐納用憤怒回擊自身優越感受到的任何挑戰，他的恐懼和脆弱能夠被如此有效地埋葬，以致他甚至不必知道它們曾經存在過，因為他永遠不會知道。

在一九七〇年代，我祖父偏愛和拉抬唐納多年後，紐約媒體接棒，開始散播唐納毫無根據的膨風。一九八〇年代，銀行也來參一腳，開始資助他的合資企業。他們有意願（之後也需要）扶植他越來越沒有根據的成功說法，緊緊抓著損失得以獲得補償的希望。

有十年的時間，唐納在破產中掙扎，甚至淪落到掛名牛排到伏特加等一系列失敗產品的處境，電視製作人馬克．布奈特（Mark Burnett）又給他一個機會。我祖父五十年前創造出「唐納是白手起家又桀驁不馴的商人」的形象，即使有一籮筐的反證，這個迷思竟驚人地近乎完全文風不動，直接照搬到新千禧年的真人實境秀節目《誰是接班人》（*The Apprentice*）上。當唐納於二〇一五年宣布他要角逐共和黨的總統提名初選，美國一大部分民眾已經準備要相信這個迷思了。

直到今日，我那被共和黨和福音派白人基督徒持續追捧的叔叔，本身就是謊言、不實陳述與虛構的總和。了解更深入的人，像是聯邦參議院多數黨領袖米契．麥康諾；真正的信徒，像是眾議員麥卡錫（Kevin McCarthy，眾議院少數黨領袖）、國務卿龐培歐（Mike Pompeo）、司法部長巴爾（William Barr）；還有其他太多人，族繁不及備載，都已經在有意無意之間，變成沆瀣一氣。

川普一家手足都沒能安然無恙地擺脫我祖父的反社會人格和我祖母的生、

心理疾病，尤其唐納叔叔和我父親佛瑞迪受害最深。要了解唐納的全貌、他的精神病狀和失常行為意義，我們必須通讀川普家族史。

在過去三年間，我看到數不盡的專家、空談心理學家和記者們老是沒抓到重點，使用「致命的自戀」與「自戀人格失調」等詞彙，試圖理解唐納經常性的怪奇表現與自我拆台行為。要我稱唐納是個自戀者，一點問題都沒有，他完全符合《精神疾病診斷與統計手冊》第五版（*Diagnostic and Statistical Manual of Mental Disorder*, DSM-5）提出的九個基準，但分類標籤能告訴我們的僅止於此。

我在德納高級心理學研究所（Derner Institute of Advanced Psychological Studies）獲頒臨床心理學博士學位，就在我為論文做研究時，我在紐約州立曼哈頓精神醫學中心（Manhattan Psychiatric Center）住院病房工作一年，診斷、評估和治療一些病況最重、最脆弱的患者。除了在研究所以兼任教授身分教授心理學，包括創傷、精神病理學和發展心理學等課程多年外，我到專治成癮的社區診所，為患者提供療法和心理學測試。

這些經驗一次次告訴我，診斷不會憑空蹦出來。唐納有其他我們沒有注意到的症狀嗎？有其他可能等同或更有解釋力的失常嗎？或許吧。也可以解釋成他符合反社會人格障礙的基準，最嚴重的型態通常被認為是社會病態，但也常涉及長期犯罪的行為，或是傲慢和不顧他人權益的態度。有其他合併症嗎？可能。唐納或許也符合部分依賴型人格障礙的基準，特點包含：無力做出決策或承擔責任、獨處會焦慮不安、過度努力爭取他人的支持。還應該考慮其他因素嗎？當然。他可能有長期未被診斷的學習障礙，過去數十年都干擾著處理資訊的能力。還有，他據稱一天喝下多達十二罐健怡可樂，同時睡得很少。他會苦於物質（這裡是指咖啡因）引起的睡眠障礙嗎？他的飲食習慣駭人聽聞，也不運動，也許促成或加劇其他可能的失常狀況。

實情是，唐納的病狀太複雜了，太常出現無法解釋的行為，想進行準確且綜合的診斷，需要一整套心理學和神經心理學測試，而他絕不會乖乖就範。此刻，我們無法評估他的日常活動。因為人在白宮西翼的他，基本上是被照顧得好好的。唐納成年的大多數時候都缺乏自理能力，所以不可能知道他如何靠自己在真實世界中成長茁壯，甚至是獨力生存下去。

我姑姑們在二〇一七年的生日派對尾聲時，大家一起排隊拍照，我能看到唐納已處於一種他之前從未經歷過的緊張情緒之中。過去三年的過程中，他身上的壓力持續累積，治國所需的能力和他的無能之間的層次差距擴大，揭露出他比過去更加明顯的妄想。許多人（但絕不代表我們所有人）一直受到穩定經濟和缺乏嚴重危機挑戰的蒙蔽，直到現在才見識到他的病狀所產生最惡劣的影響。隨著失控的新冠肺炎（COVID-19）大流行，經濟蕭條的可能性增加，還有因唐納愛好對立，導致社會分裂沿著政治分野而深化，以及我們國家未來的毀滅性不確定，已創造出完美的災禍風暴，而沒有人比我叔叔更缺乏準備去著手控管。面對危機需要勇氣、品行、力量、尊重專家、承擔責任的信心及認錯後的方向修正。在我們當前面對的悲劇中，他用欺騙、虛構和混淆是非來控制不利情況的技能，已減弱到無力的程度。他那惡名昭彰和可說是蓄意不當處理現下災禍的方法，已引來一定程度的反撲和他之前不曾體驗過的詳細檢視，這些都增強了他的好鬥跟小心眼復仇的行徑，像是他會刻意扣住重要資金、個人防護裝備與各州用人民繳的稅金購買的呼吸器，只因該州州長不夠用力拍他馬屁。

一九九四年，一部根據瑪麗・雪萊小說《科學怪人》改編的電影中，法蘭肯斯坦的怪物說：「我確實知道，為了同情一個活物，我會與一切講和。我的內在有著像你幾乎無法想像的愛，有著像你不敢置信的怒。如果我無法滿足一者，我會縱放另一者。」引述這句台詞後，皮爾斯（Charles P. Pierce）在《君子》雜誌（*Esquire*）寫道：「（唐納）不會因懷疑他在自己周圍創造出什麼，而拿來折磨他自己。他對他創造出來的怪物自豪。他對它的憤怒與破壞驕傲，當他無法想像它的愛，他全心相信它的怒。他是沒有良心的科學怪人。」

這個說法可以更準確地用到唐納的爸爸佛瑞德身上，關鍵的區別在於，佛瑞德的怪物、唯一一個對他至關緊要的孩子，會因佛瑞德偏好他的本性，讓他最終被轉變成沒有「愛」的人。到最後，唐納一點愛都不會有，雖然他極為痛苦地渴求著。「怒」則任其成長，讓其他一切都相形見絀。

當唐納的長期守門人格拉夫（Rhona Graff）將紐約市開票夜派對的邀請函送給我和女兒時，我婉拒了。當希拉蕊宣布勝選時，我將無法克制自己的亢奮，我不想在外人面前顯得太無禮。隔天早上五點鐘，相反的結果出爐後不過幾個小時，我在我的房子四處遊蕩，就跟許多精神受創的人們一樣，卻有更私人的方面：感覺就像六千兩百九十七萬九千六百三十六名選民已做出選擇，要把國家變成我那功能惡性失常家族的放大版。

大選後一個月，我發現自己強迫性地收看新聞，檢查我的推特訊息，焦慮又無法集中於任何事情。儘管我對唐納的所作所為一點都不意外，但他開始將他最糟的躁動強加於國家的速度和程度，仍讓我難以承受，包括就職大典上人數規模的謊言和哀嘆他受到多惡劣的對待，削弱環保議題，對準「平價醫療法」開鍘以奪走數百萬人的平價醫保，乃至於制定了種族歧視的穆斯林旅遊禁令。就說最小的事情：一整天下來，看到唐納的臉龐，或聽到我的姓氏不下數十次，同樣把我帶回父親已油盡燈枯，死於祖父的殘酷和藐視下的時刻。我失去他時，他年僅四十二歲，我才十六歲。事實是，唐納的行動現在是美國官方國策，他的殘忍之恐怖正被放大，影響擴及百萬人。

我祖父在川普家族創造的對立氛圍，是唐納得以一直在其中悠游的水域，對立持續有利於他，代價卻是其他每一個人要支付的。正當唐納依然故我，國家就像我父親一般精疲力竭，同時也改變我們，削弱我們親善或信服寬恕的能力，這些概念對他則從未有過任何意義。他的政府與政黨已變成他享權的基石及吸納他不滿的海綿。更糟的是，唐納完全不懂歷史、憲政原則、地緣政治、外交（或其他什麼的，真的），也從未被壓著展示此類知識，只從金錢的角度評估美國所有盟邦及整體社福計畫，因為他父親就是這樣教他的。純用財務關係考慮治國成本和效益，彷彿聯邦財政部就是他的撲滿。對他來說，花掉每一塊錢就是他的損失，存下每一塊錢就是他的收益。在這段下流的富裕關係中，一個人動用全部的權力槓桿，隨他的意占盡了所有便宜，先讓他自己獲利，接著是有條件地讓他的直系親屬、親信和阿諛奉承他的人獲利。至於其他人，永遠不能滿足所有需求，我祖父正好是這麼經營川普家族的。

令人意想不到的是，唐納過去五十年間獲得的全部關注和報導，卻只受到非常少的詳細審查。就算他的人格缺陷與脫序表現已受到議論且淪為笑柄，還是很少有人努力去了解他為什麼成為他，而他顯而易見的不適任，又為何能夠不停地捲土重來。

某種意義上，唐納總是被照顧得好好的，不用擔心他的極限，或必須靠自己在世界取得成功。他從不需要誠實工作，無論失敗得多慘，也能以近乎不可思議的方式獲得回報。他持續在白宮受到保護，不用面對自己一手引發的災難，還有忠誠的鼓掌部隊，為每一道掩蓋可能的刑事過失的聲明喝采，甚至將之常態化，讓我們對他日積月累的違規行為近乎麻木。但現在風險遠高於之前的程度，是名副其實的攸關生死存亡之際。不同於他之前人生的任何時段，唐納的失敗不能再被隱藏或視而不見，因為我們全體都會受到威脅。

儘管姑姑和叔叔們會有其他想法，我寫這本書的目的不是賺大錢或出於想要報仇。如果我的目的曾是前述兩者之一，我幾年前就會寫出一本關於我家族的書——當時無從預料唐納會利用連環破產的生意人與實境秀主持人等無足輕重的名聲去問鼎白宮。

當時更安全，因為我叔叔不在高位，不會威脅或危及爆料吹哨者和批評者。不過，就是過去三年的事件迫使我動筆，我無法繼續保持沉默。這本書出版時，成千上萬美國人的生命將成為唐納目空一切和肆意無知等行為下的犧牲品。如果他當選連任，就是美國民主的終結。

沒有人會比唐納自己的家族更知道他是如何成為他的。不幸的是，出於忠誠或恐懼，他們幾乎都保持沉默。我不會受到兩者之一的妨礙。我能以父親女兒和叔叔唯一姪女的身分給出第一手見聞，還會提供訓練有素的臨床心理學家的觀點。《永不滿足》是一部世上能見度最高、權勢正如日中天的家族的故事。

我是唯一願意和盤托出實情的川普家族族人。

如果唐納還有根據任何組織原則行事的話，我希望這本書將結束他所謂的「戰略」或「議程」的實踐。但他沒有。唐納的自我在過去和現在都是易碎品，不足以分隔他與真實的世界，這還要感謝他父親的金錢與權勢，讓他永遠不須靠自己交涉協商。唐納需要一直永遠保持我祖父一開始的謊言，就是他強大、聰慧又格外不凡，但他完全不具備那些特質，面對真相對他而言太過恐怖，超乎他的盤算。

唐納追隨我祖父的引導，以共謀、沉默和對手足的無動於衷，摧毀了我的父親。這次，我不能讓他再摧毀我的國家。

第一部

殘酷是關鍵

第一章　家族

「爸爸，媽媽在流血！」

「大宅」（House），我祖父母為人所知的家。他們住進去還不到一年，也仍然感到不適應，特別是在午夜時分。

所以，當十二歲的瑪麗安發現母親不省人事地躺在樓上其中一間浴室裡時（不是主浴室，而是她和妹妹在走廊那頭共用的浴室），她已經陷入六神無主。整個浴室地板全都是血。瑪麗安實在太驚恐了，也顧不得自己通常不情願到父親臥室去打擾他，馬上就飛奔到宅邸另外一側去叫醒他。

佛瑞德下床，快步走到走廊那頭，發現妻子沒有反應。他衝回自己的臥室，用房內分機打電話，瑪麗安則一路緊跟在後。

佛瑞德已是一個有權力的男人，在牙買加醫院（Jamaica Hospital）有人脈，他立刻聯繫上某人，能派救護車到「大宅」，並確保他們一抵達急診室就有最好的醫師在等候。佛瑞德盡他所能，向電話另一頭的人解釋情況。瑪麗安聽到他說「月經」（menstruation），這是一個她不熟悉的單字，從她父親口中吐出，聽來更不尋常。

瑪麗被送達醫院後不久，醫師就發現她在九個月前生下羅伯特後，其實患有嚴重的分娩後併發症，卻沒有得到確診，因此緊急安排子宮切除手術。手術造成腹部感染，隨後又進一步發生併發症。

在圖書室裡的電話桌旁，佛瑞德坐在之後將成為他習慣位置的座位上，跟瑪麗其中一位醫師短暫交談後，他掛上電話，把瑪麗安叫到面前。

他告訴女兒：「他們告訴我，妳媽媽撐不過今晚。」

過一會兒，當他要出發去醫院陪伴妻子時，又告訴瑪麗安：「明天去上學。要是有任何變化，我會告訴妳。」

她了解言下之意：如果妳母親死了，我會告訴妳。瑪麗安在自己的房間獨自哭上一整晚，弟弟妹妹仍在床上安睡，沒注意到大禍臨頭。她隔天帶著滿滿的恐懼上學。佛瑞德加入邱林學院（The Kew-Forest School）的校董會後，瑪麗安開始上這所私立學校。校長詹姆斯．狄克森博士（Dr. James Dixon）過來把她帶出自習室。

「我的辦公室有一通找妳的電話。」

瑪麗安確信她母親死了，走向校長室就像步向斷頭台。十二歲的她滿腦子能想到的，就是她要成為四名小孩的代理母親了。

當她拿起電話時，父親就只說道：「她會撐過去的。」

瑪麗在下星期又多接受兩場手術，但她確實撐過去了。佛瑞德在醫院的門路確保他的妻子得到最棒的醫師與照護，挽救了她的性命，但復元之路很漫長。

瑪麗接下來六個月在醫院進進出出，對她的健康造成嚴重的長期影響。醫師將卵巢連同子宮摘除，這種醫學手術在當時很常見，卻往往是沒必要的，這讓她突然失去雌激素，最終導致嚴重的骨質疏鬆。結果，她的骨頭不斷變薄，經常陷入自發性骨折帶來的劇烈疼痛。

如果我們運氣好，在嬰幼兒時期，雙親至少有一人可以投入感情，持續滿足我們的需求和回應想要被關注的渴望。被擁抱著、被安慰著，讓我們的情緒得以獲得理解、不滿有所舒緩，這對幼童的健全成長極為重要。這種關注創造出安全和保障感，最終允許我們探索周圍的世界，卻不會萌生過度恐懼或難以控制的焦慮，因為我們知道，至少有一位看護者會牢牢地替自己支撐局面。

鏡像（mirroring）是一種上代將嬰兒的感受、反應加以處理後再返還的歷程，幼童透過對上代反應的理解，成為引導他們成長的重要關鍵。沒有鏡像，幼童會同時被剝奪心智如何運作及如何了解世界等兩種關鍵訊息。一如安全依附主要看護者，能使幼兒通往較高水平的情緒智商，鏡像是同理心的根源。

瑪麗與佛瑞德從開始就是問題多多的雙親。我祖母很少跟我說她的父母或童年，所以我只能用猜的，她是十個孩子的老么，比老大小二十一歲，排行倒數第二的手足比她年長四歲。在一九一〇年代早期，她在荒涼的環境成長。由於她自己年輕時的需求沒有得到充分滿足又或是一些其他原因，她成了那種用自己的小孩來安慰自己、而非安慰他們的母親。她會在自己方便的時候照顧他們，而不是他們需要她的時候。經常性的不穩定、需要關愛、自怨自艾、逃避犧牲等傾向，讓她常優先考慮自己。特別是事關兒子時，她表現得就像是她無法為他們做任何事情。

手術中和手術後，瑪麗本人與母愛的缺席，在她小孩的人生創造出空白。對瑪麗安、佛瑞迪和伊莉莎白來說，這必然是同樣的艱難，但他們已經夠大，能了解發生什麼事情，某種程度上，也能照顧自己。然而對兩歲的唐納與九個月大的羅伯特，衝擊就可怕了。特別在於他們是最脆弱的幼兒，卻沒有人能填補空白。同住的管家無疑被龐大的家務淹沒，他們的祖母就住在附近，會幫他們準備餐點，但她就跟她兒子一樣生硬，根本沒感情。瑪麗安不用上學時，照顧年幼孩子的責任大多數落到她身上（身為男孩的佛瑞迪不被期望能幫得上忙）。她幫他們洗澡，安頓他們上床睡覺，但十二歲的她就只能做到這麼多。五個孩子基本上沒有母親了。

不像瑪麗需要關愛，佛瑞德似乎一點感情需求都沒有。實際上，他是高功能社會病態。社會病態者不算罕見，多達總人口的百分之三常受此折磨，其中百分之七十五的確診者是男性。社會病態者的症狀包括缺乏同情心、撒謊成性、不重視是非、有虐待行為、對他人的權利不感興趣。上一代若有社會病態性格，特別是周遭又沒有其他人能調解，都只是在在保證自己將如何嚴重破壞孩子對自己的了解、調整情緒和接合世界的能力。我祖母在面對她丈夫的麻木不仁、冷漠和控制行為，進而引發婚姻問題，顯然準備不足。佛瑞德缺乏真正的人類情緒，身為父親與丈夫的僵化，加上認為女人先天次等的性別歧視信念，似乎讓她感覺不到支持。

自瑪麗因傷勢導致缺席後，佛瑞德成為默認唯一有空的上代，但把他稱作看護者卻是個錯誤。他斷然相信照顧孩子不是他的工作，持續每星期六天、每天十二小時待在川普管理公司（Trump Management），好像他的孩子們能照顧自己一樣。佛瑞德關注對「他」重要的事情，也就是蒸蒸日上的生意。他當時在布魯克林開發「海岸港」（Shore Haven）和「海灘港」（Beach Haven）兩個大規模住宅建案，是他人生最顯赫的成就。

重申：相對於佛瑞德的興趣缺缺，唐納與羅伯特則處於最不穩定的狀態。嬰兒與幼童展示的所有行為是依附行為的一種形式，會尋求看護者的正面安慰回應，如微笑能引出微笑，眼淚則引來擁抱。即使是在正常環境下，佛瑞德會認為任何那一類的表露都讓他惱火，因而忽視唐納和羅伯特可能更需關愛的事實，因為他們想念母親，她的缺席讓他們更陷入焦慮。但他們越焦慮，佛瑞德越冷落他們。他不喜歡自己被依賴的情況，孩子想被關愛的願望只會激起川普一家的緊張關係。小男孩在最為脆弱的時候，產生生物學上被設計為觸發雙親安撫的行為時，反而挑起父親的怒火或漠不關心。對唐納和羅伯特而言，「關愛」等同於羞辱、絕望和無望感。因為佛瑞德在家不想被打擾，如果孩子能學到「獨立自主」，對他就算好事。

佛瑞德的養育方式其實惡化瑪麗缺席的負面影響。結果，他的孩子們不僅與世界其他地方隔絕，也與彼此隔絕。從那時起，兄弟姐妹變得越來越難尋求與其他人團結，這就是佛瑞迪的手足們最終辜負他的原因之一：為他挺身而出，甚至伸出援手，都得冒著他們父親暴怒的風險。

當瑪麗生病時，唐納的主要慰藉來源和人際聯繫突然被奪走，不只沒有人幫助他理解，佛瑞德更是他僅存唯一可依靠的對象。唐納的需求，在母親生病前就沒有得到一致滿足，他父親則幾乎完全滿足不了。那個佛瑞德經默認後，將成為唐納尋求撫慰的主要來源，然而當他更加像是恐懼的來源時，反而將唐納置於更不堪的處境：完全仰賴製造驚恐來源的父親。

某種意義上，虐待兒童來自「過多」或「不夠」的體驗。在關鍵成長階段失去和母親的聯繫，唐納直接經歷的「不足」讓他受創極深。在不被警告的情況下，他的需求沒有被滿足，恐懼和渴望沒有得到撫慰。被母親拋棄至少一年，父親不只未能滿足他的需求，也未能讓他感覺到安全或被愛、被重視、被反映，唐納遭受的剝奪將留下終身傷疤。因此導致的人格特質，以自戀、霸凌和浮誇呈現，最終引來我祖父的注意，但方式不是改善任何已降臨的恐懼。隨著年歲增長，唐納目睹發生在佛瑞迪身上的事情，見到「他」承受太多關注、太多期待和最突出的羞辱後，就間接服從於我祖父「已經太多」的訊息。

從一開始，佛瑞德的利己就扭曲他的優先順序。他對孩子的關懷，儘管不怎麼樣，仍反映出他自己的需要，而不是他們的需要。愛對他毫無意義，他對他們的困境無法感同身受，這是社會病態最明確的特徵之一。他期待服從，這就是全部。孩童分不出如此區別，他的孩子相信父親愛他們，或可用某種方式爭取他的愛。但他們也知道，父親的「愛」是必須附帶條件的。

因為佛瑞德對孩子完全沒興趣，瑪麗安、伊莉莎白和羅伯特或多或少經歷過跟唐納同樣的對待。與他同名的長子獲得佛瑞德注意，純粹是為了培養他當接班人。

為求競爭，唐納開始培養出強力卻原始的防禦，特點是增加對他人的敵意，狀似不在乎母親的缺席與父親的忽視。後者隨著時間變成一種慣性的無助感，因為儘管他藉此絕緣於痛苦的惡性影響，卻也讓他的情緒需求極難（從長遠來看，我會主張是不可能）獲得全然滿足，因為他變得太過熟練於無動於衷。代替那些需求而發展出一種怨恨以及包含霸凌、不敬、攻擊性等內在行為，有助於實現當下的目的，但隨時間過去問題反而惡化。若有適當的照顧與注意，還有可能被克服，但對唐納和地球上的每個人來說，不幸的是，那些行為變成了固化人格的特質。因為一旦佛瑞德開始注意到嗓門大又難對付的次子時，他開始進行評價。換句話說，佛瑞德開始批准、鼓勵和倡導關於唐納的事情，將他從根本上變成愛的絕緣體，而部分也是佛瑞德虐待的直接結果。

瑪麗從未完全康復。一開始出現焦躁，後來成為失眠症患者。年長的孩子發現她像無聲的幽靈，無時無刻不在大宅四處徘徊。佛瑞迪有次發現她站在階梯最上層的走廊塗鴉，時間正是午夜時分。孩子們有時早上會發現她在意料之外的地方不省人事，不只一次進了醫院。那種行為變成大宅的部分日常。瑪麗忍受的病痛有人幫助，但任何讓她置於高風險狀況的潛在心理疾病，就沒有人可以幫忙了。

除了他妻子偶然的病痛外，佛瑞德對此毫無所悉。即使他承認，也不會理解，他特別的教養風格對孩子的當下與未來已造成的影響。就他而言，在修補妻子瀕臨鬼門關的健康危機時，他曾經短暫地面對財富和權力有其局限的事實。但最終，瑪麗的醫療挑戰只是大浪中的小水花。當她從病後逐漸康復，同樣驚人成功的海岸港與海灘港房地產開發案也接近完工，每一件事似乎再次順著佛瑞德的意進行。

八歲的佛瑞迪詢問，為什麼大腹便便的母親變得那麼胖時，餐桌周圍的談話聲戛然而止。這是一九四八年，川普一家已有四個孩子，十歲的瑪麗安、八歲的佛瑞迪、五歲的伊莉莎白和一歲半的唐納，幾週後就要搬到佛瑞德正在興建、共計二十三房的大宅。瑪麗低頭看著餐盤，幾乎每日都會來訪的佛瑞德母親（名字也是伊莉莎白）停止用餐。

我祖父母家有著嚴謹的餐桌禮儀，有些事情是佛瑞德不能容忍的。「又不是馬在吃飼料，把你的手肘從桌面上移開」是經常一再重複的老調，手上有刀的佛瑞德還會用刀柄輕拍違規者的前臂（佛瑞茲、大衛和我成長過程，羅伯特與唐納接手這份職責，只是有點太過熱情）。還有些事情則是孩子不應該談的，特別是在父親或祖母面前。當佛瑞迪想知道嬰兒是怎麼來到世上時，佛瑞德和他母親如同一體般地起身，不發一語就離開餐桌走人。佛瑞德並非大驚小怪，但伊莉莎白是一位嚴苛、莊重、繼承維多利亞時代道德觀念的婦人，就很有可能是大驚小怪。

儘管她自己對性別角色的觀點死板，卻在許多年前為兒子破過例。佛瑞德父親猝逝的幾年後，伊莉莎白成為十五歲兒子的生意夥伴。

之所以如此，部分是因為她的丈夫佛瑞德里克．川普（Friedrich Trump）還算是一位企業家，身後留下錢財和如今價值約三十萬美元的房地產。

出生於德國西部小村莊卡爾施塔特（Kallstadt）的佛瑞德里克，為躲避強制的兵役，於一八八五年、也就是他年滿十八歲時，遠渡重洋到美國。他最終透過英屬哥倫比亞境內的餐廳與妓院所有權發跡。在淘金熱時匆匆離開育空地區

（Yukon territories），趕在世紀交替之際、產業泡沫化之前變現。

一九〇一年回德國探親時，佛瑞德里克迎娶身材嬌小、比他年輕近十二歲的金髮女郎伊莉莎白・克里斯特（Elizabeth Christ）。他帶著新娘前往紐約，但在第一個孩子（夫婦倆命名為伊莉莎白的女孩）出生一個月後，又帶著永久定居的打算回到德國。因為佛瑞德里克最初出國是要逃兵，他被當局告知不得停留。佛瑞德里克、懷上第二胎已四個月的妻子與兩歲長女於一九〇五年七月返回美國。他們的兩個兒子佛瑞德與約翰（John G. Trump）分別出生於一九〇五年和一九〇七年。他們最終在皇后區的木港（Woodhaven）落腳，三名小孩都是說德語長大的。

當佛瑞德里克死於西班牙流感時，十二歲的佛瑞德成為一家之主。儘管丈夫遺產規模不小，伊莉莎白發現難以收支相抵。流感疫情奪走全球將近五千萬條的人命，讓本來可能蓬勃發展的戰時經濟為之動盪。佛瑞德還在讀高中時，就接下一連串的零工，好在家計上幫助母親，同時開始研究建築行業。他有記憶以來，成為建商就一直是他的夢想。他對這行的各方面都感興趣，抓住每一個學習的機會。在母親的支持下，他從二年級就開始在他住的社區裡建造、銷售車庫。他知道他在行，從那時起就別無其他興趣，完全沒有。佛瑞德高中畢業兩年後，伊莉莎白創立「E・川普與兒子公司」。她承認兒子的天賦，這個企業讓她能替未成年長子處理財務轉帳，這是她支持兒子的方式（在二十世紀早期，人們直到二十一歲才成為法定成年人）。生意與家族都繁榮興旺。

佛瑞德二十五歲時參加一場舞會，遇到來自蘇格蘭的瑪麗・安妮・馬克勞德（Mary Anne MacLeod）。根據家族傳說，他回家後就告訴母親，他已找到準備迎娶的女孩了。

瑪麗在一九一二年出生於外赫布里底群島（Outer Hebrides）路易斯島（Isle of Lewis）的湯村（Tong），當地距離蘇格蘭西北海岸四十英里。她是十個孩子的老么，第一次世界大戰和西班牙流感兩椿全球悲劇覆蓋了她的童年，後者更深深影響到她未來的丈夫。路易斯島在戰爭期間已失去大量的男性人口，停戰協定於一九一八年十一月簽署的兩個月後，當地迎來命運的殘酷轉折。一九一九年一月一日凌晨，載著子弟兵從歐陸返鄉的船，撞上距離岸邊僅幾碼的礁石。這艘船載著約兩百八十名士兵，超過兩百人死於距離史托諾韋港（Stornoway Harbor）安全區不到一英里的酷寒海水中。島上大多數年輕的成年男性就此消逝，年輕女子希望找到丈夫的話，要到其他地方碰碰運氣。

瑪麗是六個女兒之一，被鼓勵遠行到機會比較大、男人比較多的美國。一九三〇年五月上旬，瑪麗成為「連鎖移民」（chain migration）的經典案例。她搭上英國皇家郵輪「川夕法尼亞號」（RMS Transylvania），好到美國投靠已經安頓下來的兩位姐姐。儘管她的身分是家務女僕，但身為盎格魯—撒克遜白人，哪怕是按照她兒子近九十年後頒布的新移民法嚴苛規定，瑪麗照樣獲准入境。她在抵達紐約前一天滿十八歲，不久後遇到佛瑞德。

佛瑞德與瑪麗於一九三六年一月的某個週六結婚。在曼哈頓的卡萊爾酒店（Carlyle Hotel）辦過婚宴後，夫妻倆到大西洋城度了一晚蜜月。星期一一早，佛瑞德就出現在布魯克林的辦公室。

這對夫婦搬入的第一個家位於韋勒姆路（Wareham Road），街道的另外一頭就是佛瑞德和母親住處所在的德文郡路（Devonshire Road）。最初那幾年，瑪麗對自己的財務和社交際遇出現劇烈變化而心存敬畏。相對於「當」同住幫傭，她如今「有」同住幫傭；相對於爭奪有限資源，她現在是房子的女主人。有空檔去擔任志工，有閒錢去購物，她永遠不回首過往，這或許得以解釋她為什麼會妄下評斷其他類似出身的人。她與佛瑞德合組全然傳統的生活，嚴格劃分丈夫和妻子的角色。他經營他的公司，每天在布魯克林待上十個鐘頭，有時是十二個鐘頭，一個星期只有一天例外。她管理房子，但他統治房子，至少一開始是這樣，他母親也是。伊莉莎白是一位令人望而生畏的婆婆，在兒子成家的頭幾年，她確保瑪麗知道誰才是當家之人：她上門會戴上白手套，讓瑪麗注意到她對媳婦操持家務的期望，毫不隱晦地嘲笑瑪麗最近的職業。

儘管伊莉莎白帶來陰霾，對佛瑞德與瑪麗來說，那段早年歲月充滿了活力與可能性。佛瑞德一路吹著口哨下樓上班，晚上回家後則一路吹著口哨上樓回房，換好乾淨的襯衫吃晚飯。

瑪麗與佛瑞德沒有討論過嬰兒的名字，當第一個孩子出生時，夫婦倆結合瑪麗的名字與中間名，將女兒取名為瑪麗安。兩人的第一個兒子在一年半後、也就是一九三八年十月十四日出生，名字來自他的父親，再做一點小改變：老佛瑞德的中間名來自母親的婚前姓「Christ」，他兒子的則是「Crist」：佛瑞德里克・克里斯特。除了他的父親，每個人都叫他佛瑞迪。

看起來，甚至早在他出生之前，佛瑞德就已替他規劃好前程。儘管他年歲漸長，開始感受到期望加諸身上的負擔，但佛瑞迪早期受惠於他的地位，瑪麗安跟其他孩子某種程度上並沒有。畢竟，他在父親的計畫中占有特殊地位：將成為川普帝國壯大與繁榮永續的工具。三年半後，瑪麗誕下另一個孩子。伊莉莎白出生前不久，佛瑞德到維吉尼亞灘（Virginia Beach）工作很長一段時間。第二次世界大戰參戰軍人返國引發的住房短缺，為他創造興建海軍軍人和軍眷公寓的機會。佛瑞德有的是時間強化技術和增加讓他取得工作的聲望，因為當四肢健全的年輕人徵召入伍時，他跟隨他父親的腳步，也選擇不從軍。

透過興建許多房屋累積的經驗，加上與生俱來就會利用媒體達到目的的技能，佛瑞德被介紹給背景顯赫的政治人物，在他們身上學到如何在正確時間點求助，還有最重要的：爭取政府的錢。維吉尼亞灘的誘惑是聯邦住房管理局（Federal Housing Administration，簡稱ＦＨＡ）釋出的優渥資金，讓佛瑞德學到用政府救濟款打造房地產帝國的好處。小羅斯福總統於一九三四年成立ＦＨＡ，但到佛瑞德開始利用他們的慷慨時，該機構似乎已遠遠偏離原始宗旨。ＦＨＡ主要目的曾是確保興建足夠的平價住宅，以因應美國持續成長的人口。但二戰後的ＦＨＡ似乎同樣考慮到，讓佛瑞德．川普這類地產開發商發財。

維吉尼亞州的建案也是一個機會，讓他磨練在布魯克林學到的專長：盡可能快速、有效率和低成本地完成大規模建案，同時仍設法讓房子對租屋族具有吸引力。由於往返皇后區通勤變得太不方便，佛瑞德把全家人、包括仍在襁褓中的伊莉莎白在內，都遷到維吉尼亞灘。

從瑪麗的觀點來看，除了發現自己身處不熟悉的環境外，維吉尼亞州的生活與牙買加地產社區相去無幾。佛瑞德長時間工作，留下她獨自照顧三名不滿六歲的孩子。他們的社交生活圍繞在佛瑞德的同僚，或他所需要服務的人們。一九四四年時，FHA資助佛瑞德建案的資金耗盡，一家人又搬回紐約。

一回到牙買加地產社區，瑪麗遭遇流產，嚴重到她花了好幾個月才完全康復。醫師告誡瑪麗提防再次懷孕，但她一年後發現自己又有喜了。這次的流產使年長和年幼的孩子間產生巨大的年齡差，排行中間的伊莉莎白與前後兩位手足各相差約四歲。瑪麗安與佛瑞迪比年紀最小的孩子年長甚多，幾乎分屬兩個不同的世代。

排行第四的次子唐納出生於一九四六年，正逢佛瑞德開始規劃全新的家宅。他買下韋勒姆路住處正後方的半英畝地皮，就坐落於俯瞰貫穿整個社區的寬廣林蔭大道——米德蘭大道（Midland Parkway）的山丘上。當孩子們得知即將搬家，他們開玩笑說，不用找搬家卡車，把行李滾下山丘就好。

比起占據社區北部山丘的許多豪宅，面積超過四千平方英尺的大宅算小，也沒那麼富麗堂皇，卻仍是該街區最讓人印象深刻的居所。坐落於丘頂，午後的大宅陰影投射在人行道通往前門的寬石板台階上。這一道前門，只能在特殊場合使用。喚起《吉姆．克勞法》（Jim Crow laws）年代種族歧視記憶的草坪騎師（Lawn jockey）雕像一開始漆成粉紅色，後來則換成花卉。位於前門上方三角楣的仿造紋章仍然留著。

儘管皇后區後來成為全球最多元化的地區之一，但在一九四〇年代，當我祖父買下地皮，蓋出宏偉、有著二十英尺高柱子的紅磚造喬治亞時代建築時，該區有百分之九十五是白人。上中產階級的牙買加地產社區就更白了。第一個義大利裔美國人家庭於一九五〇年代搬來時，佛瑞德還感到憤慨。

一九四七年，佛瑞德正著手推動他事業發展以來最重大的建案：海岸港。準備在布魯克林的班森賀（Bensonhurst）打造一個占地超過三十英畝，擁有三十二棟六層樓建物和一座購物商場的建築群。正如後來的唐納同時利用紐約市和紐約州籠絡他的減稅措施，這次的願景將讓佛瑞德直接從ＦＨＡ的資金中回收九百萬美元。佛瑞德之前批評租用兩千兩百零一間公寓的人們是「有害身心」的族群，暗指正直的人只會住獨院住宅，也就是他早期專攻的建案類型。但九百萬美元說服了他。大約那個時候，當佛瑞德的財富明顯只會持續增加時，他與母親為孩子們設立信託基金，讓財富免於被課稅。

儘管於公於私都是殘忍的獨裁者，佛瑞德已變成結識與奉承更有權力、人脈更廣的人士的專家。我不知道他是怎麼學到這個技巧的，但他之後會傳授給唐納。他和民主黨布魯克林黨部、紐約州政治機構和聯邦政府的領導人逐漸發展出關係，其中許多人是房地產業的重要玩家。如果取得資金代表巴結掌握了ＦＨＡ錢袋拉鍊的地方政客，那就做吧。他加入長島（Long Island）南岸的專屬俱樂部，接著是北山鄉村俱樂部（North Hills Country Club），兩處都被他視為極佳場所，可招待、說動和結交最能按他心意輸送政府資金的人士，很像唐納在一九七〇年代於紐約市「俱樂部」（Le Club）及各地的高爾夫球俱樂部做的事情。

據說佛瑞德小心翼翼地和黑幫合作，以確保平安無事，如同唐納後來被指出在川普大樓與大西洋城賭場的做法。佛瑞德在康尼島的另一個開發案海灘港獲准時，這個面積四十英畝的二十三棟建物群，讓他從ＦＨＡ的撥款中淨賺一千六百萬美元，用納稅錢蓋房的策略明顯是極其成功的。

雖然佛瑞德的事業建立在政府財政的力挺，但他痛恨繳稅，會盡一切所能避稅。在帝國擴張的高峰期，他絕不替沒必要做的事情掏出一毛錢，他「從未」負債，這個規矩倒是沒有延伸到兒子們身上。受到第一次世界大戰和經濟大蕭條塑造出的匱乏心態約束，佛瑞德的財產不存在債務或法律請求權（free and clear）。租金為公司帶來龐大利潤，就他的資產淨值而言，佛瑞德過著相對樸素的生活，被孩子們嘲弄為「把錢守得比鴨子的屁眼還緊」。儘管讓孩子學鋼琴和參加私人夏令營（符合佛瑞德對男人在生活中影顯身分地位的期望），他的長子長女卻是帶著「窮白佬」的感覺成長。瑪麗安與佛瑞迪要步行十五分鐘到一三一公立學校（Public School 131），當他們想要進到市區，也就是紐約外行政區的曼哈頓時，他們要從一六九街搭地鐵。當然，他們不窮。除了父親之死為早年帶來些許困頓外，佛瑞德也從未窮過。

佛瑞德的財富提供他入住任何地方的機會，但他將大多數的時光花在距離兒時老家不到二十分鐘路程的地方。除了結婚初期跟瑪麗到古巴度過幾個週末，佛瑞德從未離開美國。完成維吉尼亞州的建案後，他甚至很少離開紐約市。

他的商業帝國規模大、很賺錢，卻同樣是地方性的。佛瑞德持有的建物總數超過四十八棟，但建物本身的樓數相對較少，也一律走效益主義。他擁有的財產幾乎只在布魯克林和皇后區。就他的看法，曼哈頓的炫目、誘惑與多元還不如說是另一個新大陸，在那時候似乎就是遙不可及。

就在一家人搬進大宅時，社區的每個人都知道佛瑞德．川普是何許人物，瑪麗則接受她身為有影響力的富商妻子的角色。她開始頻繁涉入慈善工作，包括牙買加醫院婦女輔助團（Women's Auxiliary）和牙買加日間托兒所、主持午宴和出席正式募款晚宴。

無論夫婦倆的成功有多麼巨大，佛瑞德與瑪麗兩人在抱負和天性之間都持續緊繃。就瑪麗的情況來說，她的童年即使稱不上被全盤剝奪，但也是匱乏得讓她印象深刻。至於佛瑞德，則是源自巨大生命損失後的謹慎，包括他的父親、西班牙流感和第一次世界大戰，還有一家人在父親死亡後體驗過的經濟不確定感。雖然川普管理公司每年賺進數百萬美元，佛瑞德還是忍不住撿起派不上用場的釘子，或是仿製廉價農藥。儘管瑪麗輕鬆獲得新地位與隨之而來的好處（包含一位同住管家），她仍把大多數時間花在大宅內的瑣事，縫衣、烹飪與洗衣。彷彿兩人都無法徹底弄懂，如何調和他們可能擁有的，和他們實際允許自己擁有的事物。

儘管節儉，佛瑞德既不謙虛，也不低調。他在事業早期就曾經謊報年齡，以顯得更為早熟。他早有作秀的傾向，經常用誇飾法做生意，每一項東西都是「超棒」、「了不起」與「完美」。他用新完工房屋的新聞稿淹沒當地報紙，接受許多訪談以讚揚自己房地產的優點。他把廣告貼滿南布魯克林，還僱用駁船，掛滿看板，就停在岸邊浮動。但他比不上後來的唐納。他能進行一對一人際互動，和拍政治關係良好人士的馬屁，然而在大型團體面前演說或掌控電視訪談就顯得力有未逮。他曾參加卡內基（Dale Carnegie）公開演說課程，但表現太差，甚至連平常順從他的孩子們都因此取笑他。就像有些人不適合露臉，佛瑞德有著一些密室活動和平面媒體造就的社交自信。在他往後犧牲長子來支持次子時，這個事實會更加顯著地呈現。

佛瑞德在一九五〇年代聽聞皮爾（Norman Vincent Peale）牧師，那套淺顯的自給自足啟示對他有著巨大的吸引力。身為曼哈頓中城（Midtown Manhattan）大理石學院教堂（Marble Collegiate Church）的牧師，皮爾很受成功商人的喜愛。「成為商賈不在賺錢，」他寫道：「成為商賈是要服務人民。」皮爾是江湖郎中，但他是個坐擁有錢有勢教堂的江湖郎中，他有個訊息要推銷。佛瑞德不是讀書人，但不可能不知道皮爾廣受歡迎的暢銷書《正面思考的力量》（*The Power of Positive Thinking*）。對佛瑞德來說，光書名就夠了，他決定加入大理石學院教堂，儘管他跟家人很少出席。

佛瑞德對自己有積極的態度和無限的信心，儘管他嚴肅而拘謹，或瞧不起孩子朋友這類對他沒利益的人們，但他能輕易展露微笑，就算他正告訴某人他或她噁心時也一樣，而且心情通常不錯。他有理由如此，因為他掌控他天地裡的大小事物。除了父親過世之外，他的人生之路一直相當平順，總能獲得家庭和同事的鼎力相助。從他早期興建車庫起，他的成功一直蒸蒸日上。他努力工作，但不像大多數憑靠自己努力工作的人們，他獲得政府補助金的獎勵、身邊親信幾乎無限的協助，以及巨大的財富。佛瑞德不需要閱讀《正面思考的力量》，就能以自己的目的吸收皮爾訊息中最膚淺和自利的層面。

預誦繁榮的福音，皮爾的教義宣稱，為了依上帝希望的方式成功，你需要的只是自信。「絕對不允許有任何障礙摧毀你的快樂與幸福。只有你願意被打敗，你才會被打敗。」皮爾寫道。那個觀點俐落地確認佛瑞德早有的想法：他有錢，因為他應得的。「相信你自己！對你的能力有信心！……自卑和不足感妨礙你的希望實現，但自信能導向自我實現和成功的成就。」自我質疑不是佛瑞德人生組成的部分，他從未考慮過自己失敗的可能性。如皮爾也寫道：「令人毛骨悚然的是認識到，被泛稱為自卑情結的弊病，讓多少可憐人受到妨礙、感到痛苦。」

皮爾原始的繁榮福音實際補足了佛瑞德始終揮之不去的匱乏心理。對他來說，不是「擁有越多，就能施予越多」，而是「擁有越多，就能擁有越多」。財務價值等同自我價值，金錢的價值就是人的價值。佛瑞德・川普擁有越多，他就更好。如果他將某物給其他某人，只會使那個人的價值更多，而他的價值更少。他會把這個信念全都傳授給唐納。

第二章
長子

佛瑞迪家族長子的地位，已從保護他遠離佛瑞德身為父親的最惡劣衝動，變成巨大而緊張的負擔。當他年紀越長，越在父親置於他身上的責任，以及天生傾向用自己的方式生活之間左右為難。

佛瑞德一點都不覺得兩難，他兒子應該把時間花在Z大道（Avenue Z）的川普管理公司辦公室，而不是呼朋引伴到皮科尼克灣（Peconic Bay），佛瑞迪在那裡學會並愛上划船、釣魚和滑水。等到佛瑞迪成為青少年時，他知道他的未來是怎樣，知道父親對他的期望是怎樣，也知道他還不符合期望。他的朋友們注意到，總是一派悠閒、愛好嬉鬧的佛瑞迪，待在他們稱之為「老人」的佛瑞德身邊時，就會變得焦慮與侷促不安。

體格健壯、身高六呎一吋（約一百八十五公分），頭髮從退後的髮際線開始往後梳成油頭，幾乎只穿剪裁講究的三件式西裝，佛瑞德是一位令人印象深刻的人物。他在孩子身邊顯得僵化又拘謹，從不跟他們玩球或任何一種遊戲，彷彿就像他不曾年輕過一樣。

當男孩們正在地下室傳接球時，聽到車庫門打開的聲音，就足以令佛瑞迪當場凍結。

「快停！我爸回來了。」

見到佛瑞德走進房間，男孩們有股起身向他敬禮的衝動。他和每個男孩握手時問道：「所以，這是什麼？」

「父親，沒什麼。」佛瑞迪會說：「大家正準備好盡快離開。」

只要「老人」在家，佛瑞迪就會保持安靜和高度警戒。

青少年時代的佛瑞迪開始對父親說謊，隱瞞他在大宅外的生活，以避免招來意料中的嘲笑或責難。他隱瞞和朋友們從事的課外活動、抽菸（這是瑪麗安十三歲時，介紹給小一歲弟弟的嗜好），甚至跟父親說他要到附近幫至交好友比利・德雷克（Billy Drake）溜一隻不存在的狗。

打個比方，佛瑞德不會發現，佛瑞迪跟聖保羅中學（St. Paul's School）的好友荷馬（Homer）偷開靈車兜風。把車還給殯儀館前，佛瑞迪還先開到加油站，好把油加滿。當他下車走向加油機時，原本躺在後面以體驗死亡是什麼感覺的荷馬突然坐了起來，在加油機另一側的男子以為他看到了亡者復活而放聲尖叫，讓佛瑞迪與荷馬笑到飆淚。佛瑞迪靠那類惡作劇而活，但只有父親不在家時，才會用這些把戲逗兄弟姐妹開心。

就一些川普家的孩子而言，說謊是生活方式。對佛瑞德的長子來說，說謊是防禦。不純粹是逃避父親的反對或避免懲罰，也像其他人一樣，是倖存的方式。例如，也許是害怕禁足或禁閉等尋常的懲罰，瑪麗安從未違抗父親。唐納說謊首先是自我膨脹，本意是說服其他人，相信他比實際上要好。對佛瑞迪來說，違背父親的結果不同，不只在程度，也是在性質。面對父親試圖壓制他的天生幽默感、冒險精神與感性，說謊成為他僅有的防禦。

皮爾關於自卑情結的看法，協助塑造佛瑞德對佛瑞迪的嚴苛評價，同時也容許他迴避為任何一個孩子扛起責任的必要。

軟弱或許是所有罪名中的最大罪，佛瑞德擔心佛瑞迪會像他在麻省理工學院當教授的弟弟約翰：溫和，算不上沒有野心，但興趣都在他認為深奧又不重要的工程和物理一類「不對」的事情上。這種溫和出現在與他同姓氏的人身上是不可想像的，等到一家人搬進大宅，且佛瑞迪十歲時，佛瑞德就下定決心，要他強硬起來。只不過，像大多數沒注意拿捏分寸的人，他矯枉過正了。

「愚蠢，」每當佛瑞迪表達想養寵物或惡作劇時，佛瑞德都會說：「你這樣做的目的是什麼？」

佛瑞德的語氣是如此輕蔑，使得佛瑞迪畏畏縮縮，這反而讓他更加惱火。佛瑞德痛恨長子把事情搞砸，或無法靠直覺知道他被要求做什麼，但更加厭惡佛瑞迪被責備後的道歉。說了「爸爸，對不起」，佛瑞德會嘲笑他。

佛瑞德要長子成為他口中的「殺手」（一九五〇年代在康尼島收租金其實並不是什麼高風險的事情，原因不得而知），但佛瑞迪的氣質就是與之相反。

實際上，成為殺手是變得無堅不摧的代號。儘管佛瑞德對父親過世看似沒有任何感受，此事之突然仍令他措手不及、失去平衡。多年後談及此事時，他說：「然後他死了，就那樣，似乎不是真的。我沒那麼難過，你知道孩子是怎樣。但看到母親在哭，變得如此悲傷，讓我難過。不是我自己對發生的事情有感覺，而是看著她那樣讓我感覺不愉快。」

也就是說，這股失落讓他感到脆弱。不是因為他自己的感覺，而是因為他母親的感覺。他可能覺得，這是被強加到他身上的，特別是他沒有同樣的感覺。那股強加感一定非常痛苦。在那個當下，他不是宇宙的中心，那是不可接受的，讓他今後拒絕認知或感到失落（我從未聽過他或家族裡的其他任何人說起曾祖父）。

就佛瑞德而言，他能放下，是因為沒有比「已」失去什麼更重要了。佛瑞德贊同皮爾對人類失敗的想法，也就沒有領悟到，他嘲笑與質疑佛瑞迪，正創造出幾乎不可避免的低自尊。佛瑞德同時告訴兒子，他絕對必須成功，而他永遠做不到。所以，佛瑞迪存在於一個有罰無賞的體制。其他的孩子，特別是唐納，已不得不注意到。

唐納的狀況有點不同。

得益於七歲半的年齡差距，他有足夠的時間，旁觀佛瑞德羞辱哥哥的行為，與哥哥得到的羞愧感中學習。他學到的最簡單教訓，就是不能變得像佛瑞迪一樣；佛瑞德不尊重他的長子，所以唐納也不會尊重。佛瑞德覺得佛瑞迪脆弱，因此唐納也同感。兩兄弟用了很長的時間，才以截然不同的方式接受這個現實狀況。

理解任何家庭內的家務事是困難的，對該家庭成員來說也許更是難中之難。無論長輩如何對待孩子，孩子幾乎不可能相信長輩對他們蓄意造成任何傷害。佛瑞迪更容易認為，父親把兒子的最佳利益放在心中，自己才是問題所在。換句話說，保護他對父親的愛，更優先於保護自己免受父親虐待。唐納從父親對待哥哥的表象開始相信，「爸爸沒有傷害佛瑞迪，他只是試圖教我們如何當個真男人，而佛瑞迪失敗了」。

虐待可以是安靜與潛伏的，就跟咆哮與暴力一樣，甚至更常發生。就我所知，祖父不是一個肢體暴力者，甚至不是特別容易憤怒的人。他不需要如此，就能得到他想要的，幾乎總是如此。

他不是無力修正激怒他的長子，實情是佛瑞迪根本不是他理想中的那種人。佛瑞德將長子的人格與天生能力的每一個層面降值降等，把他大卸八塊到面目全非，只剩下自我傷害，還有拚命取悅一個用不著他的男人。

唐納逃脫相同命運的唯一理由，就是他的人格對父親的目的有用。這就是社會病態者的作法：拉攏其他人，利用他們達到自己的目標。冷酷、有效率，不容忍異議或反抗。佛瑞德也摧毀唐納，但不是對待佛瑞迪那般扼殺他。反之，他讓唐納發展和體驗整個人類情感光譜的能力發生短路。限制唐納接觸自己的感覺，將其中許多感受渲染成不能接受，佛瑞德扭曲自己兒子的世界觀，損害他的存活能力。相對於父親野心的延伸，他自己作主的能力被嚴重限縮。當唐納上學後，限縮的影響變明顯了。他的雙親都沒有以幫助他理解世界的方式跟他有過交流，促成他無力跟他人和睦相處。對他來說，閱讀社會線索也極端困難，這個問題更延續至今。

理想上，家規反映社會規則。當孩子們去到外面的世界時，通常知道如何表現。孩子們上學理當知道不應拿其他小孩的玩具，不該欺侮或取笑其他小孩。唐納對此則一無所知，因為大宅的家規，至少是男孩適用的家規，就是不計代價地強硬，說謊是行得通的，承認錯誤或道歉就是軟弱，和他遇到的校規相衝突。佛瑞德對世界如何運作的根本信仰清楚明白，一生只能有一名贏家，其他的每一個人都是輸家（基本上排除共享的能力），親切就等同脆弱。

唐納知道這一點，因為他曾在佛瑞迪身上看過，無法服從父親的規則會受到懲罰，不但嚴厲，且常是公開羞辱。所以，就算是在父親視線範圍之外，他也持續堅守規定。不意外的，他對「正確」與「錯誤」的理解，和大多數小學教導的課程也相牴觸。

唐納越發自大，部分是一種針對遺棄感的防衛及缺乏自尊的解方，充當不安全感加深的防護罩。結果是，唐納疏遠大多數人，對他來說，那樣比較容易。不管是表達，或是面對，大宅內的生活讓所有孩子對情感無論怎樣都感到不自在。男孩們的情況可能更糟糕，他們對人類情感的範圍極端狹窄（我從未在家族內看過任何男人哭，或看過他們在與人偶遇與道別時，用握手以外的方式表達相互感情）。接近其他孩子或權威人士，感覺就像冒險背叛父親。儘管如此，唐納展現自信、覺得自己不適用社會規則，和過分地表現自我價值，還是吸引到一些人。極少數人仍未看穿他對力量的自負、為成就虛妄逞能、為彰顯魅力而對他們表達膚淺的關注。

唐納早就發現，將蒼白的羅伯特惹毛到崩潰有多容易，這也是他永遠玩不膩的遊戲。沒有人會去打擾羅伯特，他太瘦、太安靜，捉弄他沒有樂趣，但唐納喜歡展現他的權力，就算對象只是年紀較輕、瘦小、臉皮還極薄的弟弟。有一次，出於挫折和無助感，羅伯特將他們的浴室門踹出一個洞，讓他陷入麻煩，儘管事實上是唐納驅使他這麼做的。當母親叫唐納停手時，他沒理會；當瑪麗安與佛瑞迪要他停手時，他也不聽。

某一年的耶誕節，男孩們收到三輛湯卡（Tonka）玩具卡車，很快就成為羅伯特喜愛的玩具。唐納一發現這件事，就開始把玩具卡車藏到弟弟找不著的地方，並假裝他也不知情。最後，羅伯特的脾氣一發不可收拾，唐納則要脅他再哭的話，就要當著他的面拆毀玩具卡車。拚命想救卡車的羅伯特跑去找母親，瑪麗的解決方式卻是把玩具卡車收到閣樓，實際上懲罰到無辜的羅伯特，讓唐納覺得他無敵了。他沒有因自私、頑固或殘忍獲得獎勵，但他也沒有為那些缺點受到懲罰。

瑪麗仍是局外人，當下沒有介入，沒有安慰兒子，表現得像她沒有立場去做這種事情。甚至到一九五〇年代時，整個家沿著性別界線形成深度分裂。雖然佛瑞德的母親曾是他的生意夥伴，名副其實地創辦他的公司，但佛瑞德和妻子明顯從未成為夥伴過。女兒歸她管，兒子是他的。瑪麗每年回路易斯島老家探親時，只有瑪麗安與伊莉莎白隨行。瑪麗為男孩們煮飯、為他們洗衣服，但她不覺得自己有立場去引導他們。她很少與男孩的朋友們交流，已因早年相處經驗而受損的親子關係越發疏離。

十四歲的佛瑞迪將一碗馬鈴薯泥倒到七歲的唐納頭上，讓他弟弟的自尊深深受傷，當瑪麗安藉二〇一七年白宮生日晚宴敬酒的場合重提舊事時，他仍舊對此心懷芥蒂。這不是什麼大事，或者它不應該是大事。唐納又一次捉弄羅伯特，沒人能讓他停下來。即使才七歲，他已覺得沒必要聽從母親。她在生病後就未能修補親子裂痕，讓他對母親抱持輕視。最後，羅伯特的哭泣與唐納的數落都太過頭了，一個即興的權宜之計變成家族傳奇：佛瑞迪拿起手邊一個不會造成任何真正傷害的東西──一碗馬鈴薯泥。

每個人都笑了，笑到停不下來。他們「朝著」唐納大笑。這是唐納首度被人羞辱，而且還是他之後相信比自己次等的人。他之前不知道，在戰鬥之中，羞辱是只有一人能揮舞的武器。在所有人之中，是那個佛瑞迪把他拖進一個羞辱會發生在「他」身上的世界，讓感覺更加糟糕。從此之後，他絕不容忍自己再次感受到那個感覺。從此之後，是他揮舞武器，絕不被鋒刃所指。

第三章 偉大的我

當瑪麗安就讀曼荷蓮學院（Mount Holyoke College），兩年後輪到佛瑞迪去讀理海大學（Lehigh University）時，唐納看著哥哥苦於滿足父親的期望，大半還是以失敗收場後，他已經累積了豐富的經驗。

當然，那些期望本身就模糊不清。佛瑞德有著獨裁者的習性，預設手底下的嘍囉不需他開口也知道自己該做什麼。一般來說，得知自己做了正確事情的唯一方法，就是你沒有為此挨罵。

但對唐納而言，不要成為父親瞄準的目標是一回事，贏得他的寵愛則是另外一回事。為達到目的，唐納幾近杜絕任何可能和哥哥共通的特性。除了偶爾跟佛瑞迪與他的朋友去釣魚旅行外，唐納成為一個鄉村俱樂部和辦公室的生物，和父親唯一的不同之處只有高爾夫球。他也在目前為止沒被懲罰的行為上變本加厲，包括霸凌、用手指指著人、拒絕負責和無視權威。他說他「反抗」父親，佛瑞德則「尊重」他。真相是，他能反抗父親，是因為佛瑞德讓他這麼做。當他年紀非常輕時，佛瑞德的注意力沒放在他身上，整個焦點都放在其他方面，也就是生意和長子，就這樣。當唐納十三歲離家去就讀紐約軍事學院（New York Military Academy）時，佛瑞德開始欣賞他的無視權威。佛瑞德通常是位嚴格的父親，但他開始注意到唐納的自大與霸道後，將之視為衝動並予以接受。

受到父親鼓勵，唐納最終開始相信自己的炒作。當他十二歲時，右嘴角經常上揚冷笑，展現出過盛的自我優越感，還被佛瑞迪取了一個「偉大的我」（the Great I-Am）的綽號，以呼應他在主日學的《出埃及記》課程中所學到上帝首度向摩西揭露身分的情節。

因為在災難般的環境被養育長大，唐納根據豐富的經驗直覺掌握到，他絕不會被安撫或得到慰藉，特別是在他最需要的時候。那麼，假裝關愛就沒有意義。無論唐納在任何層面是否知情，他的雙親都不曾去正視他究竟是什麼人，或可能成為什麼人。瑪麗太過衰弱，佛瑞德只對哪一個兒子最有用途感興趣，好讓他變成對自己最有利的人。結果，唐納發展出一副名為剛性人格的鎧甲，經常保護他免於痛苦和失落，卻也阻止他理解如何信任並接納他人。

佛瑞迪害怕到不敢跟佛瑞德要求任何事情，讓唐納看到那種含蓄的結果。每當佛瑞迪偏離佛瑞德常不說出口的期望，甚至只是一點點，下場就是受辱或羞愧。唐納會嘗試一些不同的方式：他轉而選擇設法討好父親，用的是衝破每一道哥哥從沒膽子嘗試的障礙，也完全知道要怎麼演：佛瑞迪退縮時，唐納就聳聳肩。沒有徵得許可就拿走想要的東西，但不是因為勇敢，而是因為害怕。不管唐納是否了解潛在訊息，但佛瑞德知道：一如人生，在家只會有一名贏家，其他每個人必須輸。佛瑞迪持續試著做「對的」事情，但是無法做到，讓唐納開始了解，他什麼「錯的」都不能做，所以他停止試圖做任何「對的」事情。他變得更大膽，更具侵略性，因為他很少受到挑戰，或被世上唯一一個要緊的人、也就是他父親追究責任。就算是明顯的壞行為，佛瑞德就是喜歡他的殺手態度。

唐納的每一個違規行為都成為博得父親好感的嘗試，就像他在說：「看，父親，我是強硬的那一個，我是殺手。」因為沒有任何阻力，他變本加厲，直到阻力出現為止，但不是來自他的父親。

佛瑞德長時間待在辦公室，不常見到家裡發生的大多數事情，因而他不會被唐納的行為打擾，但唐納的母親卻會因此心煩意亂。瑪麗完全無法控制他，唐納處處不服她，試圖管教但都被置之不理。他頂嘴，甚至不承認自己錯了。即便母親是對的，他也會反駁她，拒絕讓步。他捉弄弟弟，偷走玩具，拒絕做分內家事或任何被吩咐去做的事情。也許最糟糕的一點就是瑪麗有潔癖，而他是一個懶鬼。無論她怎麼威脅，他就是拒絕自己收拾善後。對佛瑞迪曾經有效的「等你父親回家吧」的恐嚇，被唐納當成笑話，因為父親根本不會介入。

一九五九年時，唐納的好鬥、霸凌、跟教師爭辯等不當行為變得太過分了，邱林學院已經達到容忍極限。佛瑞德在校董會占有一席之地有好有壞，一方面，校方對唐納行為睜隻眼閉隻眼的時間已比原本要長；另一方面，這造成佛瑞德一些不便。佛瑞德不介意唐納發洩，但他對年紀小得還不知如何回嘴的孩子人身攻擊，已升級成肢體衝突，這將會占用佛瑞德的時間。佛瑞德同意另一位邱林學院校董的推薦，把唐納送到紐約軍事學院看管。把他扔給軍訓教官和不會忍受他狗屁的高年級生，可能會使佛瑞德的這名新興門徒更加堅強。比起處理唐納，佛瑞德有更重要的事情要做。

我不知道瑪麗是否在最終決定上有任何發言權，但她也沒有挽留兒子留在家中，這是一個唐納不得不注意到的失敗，肯定在他心中重播了母親曾經遺棄他的記憶。

反對無效的唐納被紐約軍事學院錄取。這是一間男子寄宿學校，位於紐約市北方近六十英里，可不像佛瑞迪上的聖保羅中學是所名校，家裡其他孩子稱紐約軍事學院為一所「感化院」，沒有人會為了得到更好的教育而把兒子送進去。唐納正確地了解到，這是懲罰。

當佛瑞迪發現時，有點困惑地告訴朋友：「對，他們無法控制他。」這真沒有任何道理，他的父親似乎總是支配著「每一個人」。佛瑞迪不知道的是，父親對唐納的興趣不同於對他的興趣。如果佛瑞德試圖管教唐納，他就會被管教，但他被送走之前，佛瑞德沒有足夠的興趣為唐納或其他三個孩子操心。

不論家庭的情況如何，雙親對孩子總是有著不同的影響。但是，對川普家的小孩來說，佛瑞德與瑪麗的特殊病狀對後代有著極端的影響。當五名孩子在不同時間，以不同方式準備走到外面的世界時，他們都已有著明顯的缺點：

第一個出生的瑪麗安，身任在厭女症家庭中成為一個聰明有野心的女孩，雖然年紀最長，但因為她是女孩，轉由身為長子的佛瑞迪得到父親的全部關注，她只能和在家中無權的母親結盟。結果是，申請達特茅斯學院家政部（Dartmouth home economics program）落榜時讓她心碎，只能接受她稱為「實質修道院」的曼荷蓮學院。最終，因為她覺得父親在乎，做出她相信自己應當做的事情。

佛瑞迪的問題在於他無法成為一個全然不同的人。伊莉莎白的問題是家人對她漠不關心，她不只是排行老三（還是女孩），更因三到四歲的年齡差，和哥哥與弟弟產生隔閡。身為靦腆膽怯的少女，又學到雙親都把孩子的話當耳邊風的教訓後，她的話就不多了。然而，她直到步入中年仍對他們忠心耿耿，每週末回到大宅時，仍希望獲得「爸比」（Poppy）的注意。

唐納的問題在於，他為防備早年的遺棄恐懼感，發展出好鬥剛性的人格，還有他目擊父親虐待佛瑞迪的過程，讓他無法接受真實人類的情感。

事後想起來，羅伯特的問題在於他是老么。瑪麗安、伊莉莎白或羅伯特做的事情都無法取得佛瑞德的認可，他們對他沒有利益。如同行星環繞特大恆星運行，就算他們沿著他鋪好的道路前進，五人仍被他的意志力量隔開。

佛瑞迪對未來的計畫，仍是必須成為父親在川普管理公司的得力助手，但一九六一年第一次駕駛塞斯納一七〇型小飛機（Cessna 170），從史萊廷頓飛行俱樂部（Slatington Flying Club）的簡易跑道起飛時，他的前途改變了。

只要他滿足主修的商科課程要求，保持成績水平，就能飛行、宣誓入兄弟會與加入美國空軍預備軍官訓練團（US Air Force Reserve Officer Training Corps）。出於好玩，佛瑞迪選擇歷史上是猶太人兄弟會的西格瑪．阿爾法．穆（Sigma Alpha Mu）。無論此舉是不是故意違抗常用「跟我討價還價」（Jew me down）等反猶用詞的父親，佛瑞迪的兄弟會部分成員最終成為他的摯友。加入預官訓練團則完全滿足另一個目的：佛瑞迪渴望合情合理的紀律。預官訓練團公開透明的成就和獎勵制度讓他成長茁壯。如果你聽命行事，服從會獲得認可；如果你達成或超過預期，就會獲得獎勵；如果你犯錯或未能遵守命令，則會收到和違紀行為相稱的懲戒。他熱愛軍階制度，他熱愛軍服，他熱愛清楚象徵成就的動章。當你穿著軍服，別人能輕易辨認出你的身分和成就，還會得到相應的認可。跟著佛瑞德一起生活則是相反，被預期做得好卻從未獲得認可，只有犯錯會被叫出來懲罰。

取得機師執照和加入預官訓練團是同樣的合情合理：登錄一定時數，獲得特定儀器認證，然後取得執照。飛行課程最終成為他的第一優先要務。就像划船，他對待飛行非常認真，開始缺席兄弟會的牌聚，好去飛行學校研究或登錄時數。但，這不只是找到他擅長事物的快樂，也是過去從未體驗過的徹底自由之喜悅。

佛瑞迪在夏季一如往常地為佛瑞德工作，但週末時會呼朋引伴向東走，搭乘他在高中時期就買下的船去釣魚或滑水。瑪麗有時會要佛瑞迪帶唐納一起出門。「大夥們抱歉啦，」他告訴朋友們：「但我必須一起帶上我那討厭鬼弟弟。」唐納的熱衷程度可能跟不情願的佛瑞迪一樣。不管父親怎麼想他的哥哥，佛瑞迪的朋友明顯喜歡他，總是玩得很開心。這個事實，和唐納被灌輸的信念相左。

一九五八年八月，就在他展開大學生涯第三年之前，佛瑞迪與摯友比利・德雷克飛到巴哈馬（Bahamas）的拿騷（Nassau），在開學前來趟短期度假。兩人租下一艘船，花幾天時間釣魚和探索小島。某一晚他們回到飯店，坐在泳池酒吧時，佛瑞迪遇到一位嬌小漂亮的金髮女郎琳達・克雷普（Linda Clapp）。兩年後，他迎娶了她。

當年九月，唐納進入紐約軍事學院。他從一個能隨心所欲的世界，換到一個沒整理好床鋪就會被罰、沒特別理由就會被高年級生撞到牆上的世界。也許是因為十二歲時喪父，佛瑞德了解到兒子的孤立。從唐納以八年級生開始就讀，直到一九六四年畢業為止，佛瑞德幾乎每週末都會來探親，這稍微緩解了唐納的被遺棄感和怨氣，也是他首度在自己和父親間存有少許哥哥沒有的連結。唐納的母親偶爾會來，但她大多數時候對他的消失感到如釋重負。

儘管他不曾想要進入紐約軍事學院，但一如預官訓練團之於佛瑞迪的影響，那裡的穩定環境對唐納來說具備意義。那裡有組織，行為會有後果，有合乎邏輯的獎懲系統。不過，在此同時，紐約軍事學院的生活也強化佛瑞德給他的一個教訓：不管權力是多麼任意地被授予或獲得，有權力的人就必須決定什麼是對與錯。就算不總是公平，只要有助於保住權力，在定義上就是對的。

紐約軍事學院同樣強化唐納對脆弱的厭惡，因為脆弱也能使我們招致羞愧感，雖然對開發愛與創造性不可或缺，但他不能容忍羞愧感。出於必要，他必須改善他對衝動的控制，不只避免懲罰，當他犯下需要稍微多一點技巧的違紀行為時，也有助於不容易被發覺。

佛瑞迪大學第四年是整個人生中最棒且收穫最多的年分之一，商學位則是最不重要的一個。他獲選為西格瑪・阿爾法・穆兄弟會主席，完成預官訓練，將在畢業後成為空中國民兵少尉。最重要的是，他成為一位正式的商業機師，但他無意使用執照。他要去布魯克林跟父親一起工作，打算有朝日一日接班。

佛瑞迪在一九六〇年夏季進入川普管理公司時，佛瑞德的公司在布魯克林與皇后區各處持有超過四十棟建築和建物群，還有數千個單位。佛瑞德帶著長子到建築工地已有好幾年；包含布魯克林的海岸港與海灘港在內的最大開發案，以及靠近他們家所在的牙買加地產社區的較小建案，都在佛瑞迪成長期間的一九四〇和一九五〇年代蓋成。在過去視察時，削減成本（如果比較便宜就自己動手，反之就外包）和節省成本（紅磚比白磚便宜一美分）的重要性深植他腦中。佛瑞德還拖著他參加民主黨布魯克林黨部的會議和政治募款活動，確保他認識紐約市最重要且最有影響力的政客。

現在，身為全職員工，佛瑞迪開始陪伴父親到處巡視建築，和建物管理員聯繫與監督修繕。我祖父的公司坐落於南布魯克林Z大道，前身是一間牙醫診所，房間狹窄又光線昏暗，待在工地現場還比較好。佛瑞德的公司一年大賺數百萬美元，但只要他相信情況有其必要的話，仍會親自應付租戶。例如，要是一位租戶抱怨得有點太大聲或太頻繁，知道自己名聲在外的佛瑞德就會登門拜訪。他偶爾一起帶上佛瑞迪，以展示如何處理類似情況。

一位租戶一再打電話來辦公室，通報暖氣不夠時，佛瑞德登門拜訪。敲過門後，他脫下西裝外套。這個舉動，他通常只在上床睡覺前做。一進到確實寒冷的公寓內，他捲起襯衫袖子（一樣，他很少做這樣的事），告訴租戶，他不知道他們是在抱怨什麼，「這裡就像熱帶啊」。

佛瑞迪開始履行他的國民兵義務。一個月有一個週末，他必須到曼哈頓的軍械庫（The Armory，可能是華盛頓堡大道軍械庫〔Fort Washington Avenue Armory〕）報到。佛瑞德對於長子在那些週末的缺席未置一詞，讓他惱火的是佛瑞迪一年必須休假兩星期，前往紐約上州的德拉姆堡（Fort Drum）報到。對不喜歡兵役的佛瑞德來說，這是在浪費他員工的時間。

在布魯克林度過漫長一天後的某個晚上，佛瑞迪接到琳達的電話，他們超過一年時間沒講過話了。她告訴他，自己已成為美國國家航空（National Airlines）空服員，正派駐愛德懷德機場（Idlewild Airport，現為甘迺迪國際機場）。她記得佛瑞迪曾提過，他父親在皇后區擁有幾間公寓建築，想知道他能否幫忙找一個距離機場不會太遠的住處。佛瑞德在牙買加地產社區有幾間建物，搭十五分鐘巴士就可到愛德懷德機場。他們在高地大道（Highland Avenue）的薩克森廣場公寓（Saxony Hall）找到一間工作室，隔壁就是中央有著大池塘的九英畝森林公園。她馬上搬了進去。她和佛瑞迪很快就開始交往。

一年後的一九六一年八月，佛瑞迪帶琳達到他們在曼哈頓最愛的餐廳共進晚餐。上雞尾酒時，他把訂婚戒指偷放到琳達的玻璃杯，接著求婚。吃完晚餐後，他們開車到牙買加地產社區，將此事告訴他的雙親。佛瑞德與瑪麗得知此事後態度冷淡。

從琳達樸實的出身（父親是卡車司機，雙親之後到佛州經營一間靠近海灘的蛤蜊小館），給人不夠高尚又缺乏教育的感覺來看，他們推測她肯定是一名拜金女。這是一個基本、蓄意又未能承認現實的誤解，因為琳達大概不知道未來的公公到底多富有。如果琳達是拜金女，大概是特別遜色的一個。

鑒於她自己在蘇格蘭非常樸實的出身，我祖母本來能成為我母親的盟友，但瑪麗．馬克勞德爬到頂端後，就把梯子抽走了。至於佛瑞德，他單純不喜歡她，因為她是佛瑞迪的選擇，所以表示她不可靠。

同時，當時的空服員規矩非常嚴苛，頭髮太長或體重增加就可能停飛，結婚就可能無法繼續工作。一九六二年一月，結婚前幾個星期最後一次執勤後，琳達就沒有獨立的收入了。

因為琳達的母親罹患重度類風濕性關節炎，必須坐輪椅，他們決定在佛州舉辦婚禮。在教堂舉行結婚典禮後，他們在勞德岱堡（Fort Lauderdale）內陸水道（Inland Waterway）的六十六碼頭酒店及水上設施（Pier Sixty-Six Hotel & Marina）舉辦簡單的雞尾酒會。佛瑞德與瑪麗不高興，但他們既然沒有提出幫忙出錢的要求，也就沒有什麼說話的餘地。伊莉莎白正在維吉尼亞州念大學，唐納也還在紐約軍事學院，兩人都沒出席。新人度完蜜月回來後，川普家勉強同意在紐約舉辦一場酒會。

川普管理公司至今最大的開發案——康尼島的川普度假村（Trump Village），預定在一九六三年動土，佛瑞迪將協助籌備工作。佛瑞德預期他會選布魯克林一棟建築裡的公寓入住，這樣他可以就近處理任何突發狀況；但佛瑞迪與琳達卻搬到東五十六街（East 56th Street），位於第一大道（First Avenue）和薩頓廣場酒店（Sutton Place）之間的一個市內一房公寓。他們買下一隻貴賓犬，這是佛瑞迪曾有過的第一隻寵物，琳達則在幾個月後懷孕。當年十一月，佛瑞德里克・克里斯特・川普三世出生。一個月後，佛瑞迪買下他的第一架飛機——派珀卡曼契一八〇型小飛機（Piper Comanche 180）。

耶誕節剛過，他與琳達就飛到勞德岱堡，將飛機和新生兒炫耀給岳父岳母看。琳達的父親麥克（Mike）常把車停在勞德岱堡機場跑道附近以觀看飛機起降，對佛瑞迪與琳達駕機帶外孫過來的印象是再深刻不過了。

佛瑞迪與琳達和瑪麗安及她丈夫大衛．戴斯蒙（David Desmond，兩人於一九六〇年成婚）在某次共進每週晚餐時，佛瑞迪把飛機的事情告訴姐姐和姐夫，還補上一句：「別告訴爸爸，他不會懂的。」

一九六三年九月，他們搬到海蘭德廣場公寓（Highlander Hall），這是佛瑞德在牙買加地產社區持有的建物之一，就坐落於琳達三年前首度搬到紐約住處的相鄰街區，也是遷往長島房宅的跳板。海蘭德是佛瑞德名下典型的建築，用大型入口掩蓋出租單位不合格的事實。大廳有著一個大型的下沉空間，正式會客區和特大號的熱帶植物展示區，被紅龍分隔在兩側。在兩者之間，從地板到天花板的大扇落地窗向外看，就是分朝左右兩側，成曲線通往人行道的寬廣鋪石路和磚頭台階。台階的一側是更誇張的枝葉、高聳橡樹及長著深綠巨葉的外來植物，仍是佛瑞德．川普的風格。

這棟建築位於海蘭德大道（Highland Avenue）一處丘陵頂部。這條大道基本上是貫穿牙買加地產社區的分隔線，北側更有郊區感、絕大多數是白人，南側是城市、絕大多數是非裔，前門與後門面向兩個不同的世界。佛瑞迪與琳達選擇一間九樓頂層東南角的兩房公寓，一側可俯瞰公園和遠處的牙買加高中（Jamaica High School），另一側則能看到南牙買加。

佛瑞迪一開始還擔心，身為地主的兒子，又是持有建物的公司員工，等於給予居民一封公開邀請函，讓他們全天候來打擾他。但建築物屋齡不到十五年，管理員也能確保其他租戶不會來吵他。

搬家後沒多久，佛瑞迪就告訴琳達，他想成為職業機師。在川普管理公司工作三年後，他覺得難以忍受。幾乎是從一開始，父親就把他從川普度假村開發案的日常運作中逐出，下放他去處理租戶的客訴與監管維護專案。

成為機師讓他有機會去做自己熱愛的事情，還能過著優渥的生活。在一九六〇年代早期、也就是噴射機時代的黎明前，商業機師有過一段為期七年的求職冷凍期。不過，隨著航空公司將波音七〇七與道格拉斯 DC-8 引進機隊，空中旅行呈現爆炸性的發展。泛美航空（Pan Am）一九五八年推出海外航班，並將噴射機借給美國國家航空的國內線。隔年，環球航空、美國航空、達美航空與聯合航空，都使用比螺旋槳飛機更大、更強、更安全、搭載更多乘客和飛得更遠的噴射機。

飛航勤務擴張帶來大量合格機師的需求，因為他們已擁有基本技術，能快速完成訓練駕駛新噴射機。環球航空是最後一家擁抱波音七〇七的航空公司，有著必須迎頭趕上的沉重壓力。在愛德懷德機場與佛瑞迪停泊卡曼契小飛機的麥克阿瑟機場（MacArthur Airport），牆上貼滿商用飛機駕駛艙需要新血的徵人啟事。

琳達說不行，曾當過空服員的她知道機師到外站留宿時會搞什麼花樣。佛瑞迪同意暫時把這想法束之高閣，過好在川普管理公司的每一天。

但他和父親相處的狀況惡化。當佛瑞迪帶著創新想法找上他時，佛瑞德毫不留情地否決。當他要求承擔更多權責時，佛瑞德置之不理。

佛瑞迪試圖證明他能做行政主管的決定，為其中一棟較老舊的建物下一份窗戶訂單。佛瑞德發現時，他暴怒了。「你應該要刷一層天殺的油漆，不是浪費我的錢！」員工看著他大吼：「唐納比你好十倍。他絕不會做出任何那麼笨的事情。」唐納當時還在讀高中。

父親在手足面前羞辱他是一回事，但那間辦公室內的人不是佛瑞迪的同輩。總有一天，佛瑞迪可能會成為他們的老闆。剛萌芽的權威被如此公開削弱，感覺就像挨了一記重擊。

當晚回家，他告訴琳達自己覺得陷入了困境，坦承他為父親工作從未快樂過。這完全不是他曾預期的，也是第一次發現川普管理公司可能是他的一條死路。「琳達，我向環球航空投履歷了。我必須這麼做。」他不再要求什麼了。佛瑞德可能和他斷絕往來，但佛瑞迪願意冒著失去遺產的風險。機師，特別是為環球航空工作的機師，享有優厚津貼與就業保障。他將能靠自己養活小家庭，他能成為自己的主人。

當佛瑞迪告訴父親，他要離開川普管理公司去當商用機師時，佛瑞德目瞪口呆。這是背叛，他無意讓自己的兒子忘記這一點。

第四章
期待飛翔

只有最好的機師會被指派飛行眾人垂涎的波士頓到洛杉磯航線。一九六四年五月，佛瑞迪以職業機師身分，首度正式執飛波士頓洛根機場（Logan Airport）到洛杉磯國際機場（LAX）的航班，距離他申請當年度第一個培訓班還不到六個月。

佛瑞迪在飛機駕駛艙的成就讓他在川普家獨一無二，佛瑞德的其他孩子都無法完全靠自己與其並駕齊驅。瑪麗安算是最接近的，一九七〇年代早期，她靠自己讀完法律學院，用九年時間交出一份扎實的檢察官履歷，但她最終獲任命為聯邦上訴法院法官，仍可能是因為唐納動用關係幫的忙。

伊莉莎白數十年來一直在佛瑞德為她安排的大通曼哈頓銀行（Chase Manhattan Bank）工作。唐納從一開始就得到扶持，他的每個計畫都有佛瑞德的資助與支持，然後又得到無數其他人的資助和支持，一直到現在都是。

除了大學畢業後短暫任職於紐約的一家證券公司外，羅伯特先為唐納、接著為他父親工作。就算是佛瑞德，也不全然是白手起家，畢竟是他母親開辦後來成為川普管理公司的企業。

佛瑞迪在大學就靠自己讀完飛行學校，違抗父親（為此，他用剩下的人生付出代價），沒有家裡的支持，還受到鄙視。先不談障礙，他已決心盡可能多次向環球航空求職，但第一次就獲得錄取。

在一九五〇與一九六〇年代，絕大多數新任機師會在軍中受訓。一個典型的培訓班有二十名學員，陸軍、海軍、空軍、海軍陸戰隊和平民各占四人。二十五歲的佛瑞迪是航空公司於一九六四年第一個機師培訓班錄取的十二人之一。其中十人曾在軍中受訓。要考慮到，當時沒有飛行模擬器，所有訓練都在空中完成，這般成就便更加驚人。當他的兄弟會朋友都在狂歡時，佛瑞迪卻在機場登錄飛行時數，現在終於全部開花結果。

那時候，空中旅行的誘惑正值高峰，霍華・休斯（Howard Hughes）的環球航空正是潮流的前鋒，特別受好萊塢名流喜愛。環球航空為八卦專欄作家赫達・霍珀（Hedda Hopper）與盧艾拉・帕森斯（Louella Parsons）提供加長型禮車，載著她們往返機場，產生的廣告效應讓每一個人都想搭環球航空。作為世界最大的航空公司之一，環球航空同時飛行國內外的航班。機長就是神，獲得相應的對待。同時感謝休斯愛好美女，空服員外貌都像電影明星。

機師們走過航廈時，乘客投以欽佩目光和要求簽名等反應，對佛瑞迪而言都是全新的體驗。與待在川普管理公司時的掙扎與未受尊重相較，這也是可喜的變化。機場閃閃發亮，和佛瑞迪在紐約那昏暗冷淡的辦公室及骯髒建築工地形成鮮明對比。停機坪上的成排波音七〇七與DC-8發出微光，則取代堆土機和兩棲鏟土機（backhoes）。佛瑞迪掌控駕駛艙，所有的決定不再需要揣摩上意，也不會再受到父親的批評。

佛瑞迪將他的小家庭搬到位於波士頓洛根機場東北，開車要四十分鐘的麻州海岸小港鎮馬布黑德（Marblehead）。他將他的「遊艇」——一艘破舊的波士頓捕鯨船公司（Boston Whaler）小艇停在寬廣的港口內，並在不遠處的公用綠地周邊的各色風格房屋中，租下一棟搖搖欲墜的小屋。

五月的馬布黑德詩情畫意。佛瑞迪熱愛飛行，當地有許多社交活動，像是烤肉、深海釣魚和遠足。幾乎每個週末都有朋友從紐約來拜訪他們。只是，一個月過去後，佛瑞迪開始為日程表苦苦掙扎。當他不在飛機駕駛艙時，經常無事可做。琳達注意到一個以前從來沒出現的問題：他開始喝酒，喝得比其他所有人要多。

可能是想保護她，她的丈夫不再向她吐露任何心事，所以她對父子倆在前一年十二月有過的對話細節並不知情。琳達並不知道，佛瑞迪持續不斷受到父親來自紐約的電話和信件攻擊，但他的朋友們知道。佛瑞迪用帶著一絲懷疑的聲音告訴他們，「老人」為有個「空中公車司機」的兒子感到難堪。父親不用太費勁就說服他，選擇離開川普管理公司代表選擇失敗。琳達沒有完全抓住最關鍵之處（公允地說，佛瑞迪也可能沒掌握到），就是佛瑞德・川普的意見對他兒子有多重的分量。

那一晚，結束最近一次輪班返家的佛瑞迪看似特別緊張。吃完晚飯後，他說：「我們必須離婚。」

琳達震驚了。丈夫正承受比平常更多的壓力，但她覺得可能是他每次執飛時要為超過兩百條人命負責的結果。

「佛瑞迪，你在說什麼？」

「琳達，這樣沒有結果的，我看不出我們能怎麼繼續下去。」

「你甚至經常不在家。」她對於他的爆發困惑不解。「我們有寶寶了，你怎麼能說那些話？」

佛瑞迪起身，灌下一杯酒。「忘了吧。」他說完話後，離開房間。

他們從未重新展開那段對話，幾天後，就像什麼不尋常的事情都沒發生一樣，繼續過日子。

六月，當時十八歲、剛從紐約軍事學院畢業的唐納，還有十六歲、仍就讀於佛瑞迪母校聖保羅中學的羅伯特，一起開車到馬布黑德探訪哥哥。他們開著雙親送給唐納當高中畢業禮物的新跑車，比佛瑞迪大學畢業所收到的皮箱要高上一個等級。

看到他們，讓佛瑞迪感到焦慮。兄弟姐妹沒有一人曾經跟他一起搭過飛機，或對他的新職涯表達任何興趣。他希望，如果他能帶著兄弟進入他的世界，也許就可以找到一位盟友；甚至家裡有一人相信他的話，或許能提高他已衰退的力量，以忍受父親的不贊同。

來探親的唐納正處於人生的十字路口。佛瑞迪一九六三年十二月宣布他要離開川普管理公司時，唐納被搞得措手不及。哥哥的決定發生在他高中最後學年的上學期末，儘管他確實計畫以某種身分進入川普管理公司工作，但既然他的名字不是佛瑞德，也就不知道他未來在公司可能扮演什麼角色。因為不確定，他沒有為高中畢業後的未來做好充分準備。當他在那一年春季從紐約軍事學院畢業時，還沒有被大學錄取。他回家後，就請瑪麗安幫他在一間當地學校找個位置。

佛瑞迪與琳達用烤肉招待午餐時，唐納告訴他們，他正要跟父親去芝加哥，「幫忙」一個他正在考慮的開發案。佛瑞迪有著明顯的解脫感，也許佛瑞德正開始接受新現實，已決定讓唐納當他的法定繼承人。

下午過後，佛瑞迪帶弟弟們出門，搭他的「遊艇」去釣點魚。

雖然佛瑞迪盡了最大努力，把釣魚的基礎傳授給唐納，但唐納始終抓不到竅門。他們最後一次一起待在一艘小艇時，唐納還是紐約軍事學院的學生，同行者則有比利及佛瑞迪的幾位兄弟會兄弟。當其中一人試圖向唐納示範，要如何恰當握住釣竿時，他卻避開，同時說道：「我知道我在做什麼。」

「是啊，老弟，你現在做得真差。」其他男孩們大笑，唐納則把釣竿扔到甲板上，怒氣沖沖地走向船頭。他太氣憤了，沒有注意到他正走在什麼地方，讓佛瑞迪擔心他可能直接走下船。從那之後到現在，唐納的釣魚技巧一直沒有改善。

當三兄弟從港口回來時，琳達正在準備晚餐。他們一進到屋內，她就感覺到緊張的氣氛，有什麼事情不太對勁，佛瑞迪的好情緒已被勉強控制住的怒氣取代。佛瑞迪的脾氣不會經常失控，但現下已是，她視之為壞兆頭。他給自己灌下一杯酒。另一個壞兆頭。

甚至在他們坐下來吃晚飯前，唐納就批評起哥哥，就像突然記起自己來此的目的般宣告：「你知道，爸真的受夠你一直在浪費生命。」

佛瑞迪對自己父親的意見早就再清楚不過。「我不需要你來告訴我爸在想什麼。」

「他說你讓他丟臉。」

「我不懂你為什麼關心。」佛瑞迪回敬：「你想跟爸工作就去啊，我沒興趣。」

「佛瑞迪，」他說：「爸對你的看法是正確的，你只不過是美化過的公車司機。」唐納也許不知道父親蔑視佛瑞迪，以及哥哥決定成為職業機師的開端，但他有著恃強凌弱、百發百中的本能，可以找到傷害對手最有效的方式。

佛瑞迪了解弟弟們被派來親自傳達父親訊息的目的，或至少唐納是如此。但聽到弟弟口吐佛瑞德的輕視言論，仍讓他的靈魂為之碎裂。

無意間聽到爭吵的琳達從廚房走進客廳，發現佛瑞迪面無血色。她把手上的盤子砸向桌子，朝著小叔尖叫：「唐納，你應該把嘴閉上！你知道他必須多努力工作嗎？你根本不知道你在說些什麼！」

在當晚剩下的時間裡，佛瑞迪沒有再跟任何一位弟弟說話。他們隔天早上返回紐約，比原定計畫提早一天。

佛瑞迪喝酒喝得更凶了。

環球航空七月提供他一個升遷機會，公司要送他到堪薩斯城，訓練他駕駛正引入機隊中的波音七二七噴射機。儘管琳達提醒他，他絕不能無視他在國民兵部隊其中一位上司的指示，佛瑞迪還是拒絕了這個機會。他告訴管理部門，他在兩個月前才簽下馬布黑德一棟附家具的房屋租約，為期一年，他找不出正當理由再次遷移他的小家庭。

實際上，佛瑞迪開始懷疑他的夢想正走向盡頭。他對父親能否接納他成為職業機師是越來越不抱希望，沒有那份認可，他可能無法繼續下去。

直到離開川普管理公司前，佛瑞迪用上全部的人生，竭盡所能變成父親要他成為的人。當那些嘗試一再以失敗收場，他就希望在實現自己夢想的過程中，父親會逐漸接受真正的他。佛瑞迪已用童年通過「父親有條件接納」的地雷區，太清楚只有一種獲得接納的方式，就是成為他永遠成為不了的人。父親的認可仍比其他一切都重要。佛瑞德過去是、也永遠都是孩子價值的終極裁決者（這就是為什麼，即使到七十好幾了，我的瑪麗安姑姑仍持續嚮往她那逝世已久的父親區區一句的讚揚）。

當環球航空之後提供佛瑞迪派駐愛德懷德機場的機會時，他欣然接受，認為這可能是個挽回情況的方式。這讓他必須每三到四天往返馬布黑德和紐約通勤，從現實狀況來看沒有道理可言。更糟的是，這讓他更加接近佛瑞德。但對佛瑞迪來說，那或許才是重點。就算無法得到認可，但只要佛瑞德能就近觀察，或許他就比較容易說服父親，飛行才是他應該去做的事情。趁著執飛之間的空檔，佛瑞迪帶著機師同僚回到大宅，跟自己的家人見面，希望能打動佛瑞德。

這是絕望之舉，但佛瑞迪確實是絕望了。

最後，與以前沒有差別，佛瑞德絕不會饒恕背叛。

儘管佛瑞迪曾加入的預官訓練團、兄弟會與飛行俱樂部，都是他父親不了解也不屑一顧的團體組織，但從事這些活動並沒有改變他為父親工作的計畫，確保父親的事業帝國會永續長存。但從佛瑞德的觀點來看，佛瑞迪離開川普管理公司就是一種大膽的不敬行為。諷刺的是，這正是佛瑞德想要逐步灌輸給兒子的膽識，只是被兒子揮霍成錯誤的雄心。現在，佛瑞德只感覺到佛瑞迪的空前舉動正在削弱他的權威，減少他對兒子人生的掌控權。

佛瑞迪的弟弟們來訪的幾個星期後，一場夏季風暴的雷聲籠罩馬布黑德港。電話響起時，琳達正站在客廳內，燙著佛瑞迪的白色制服襯衫。一聽到丈夫的聲音，她就知道事情出差錯了。他告訴她，他已從環球航空離職，一家三口需要盡快搬回紐約。琳達震驚不已。只不過四個月的時間，佛瑞迪就要放棄他所做的一切，這完全不合常理。

實際上，是環球航空對他下達最後通牒：如果他辭職，還能保住執照；否則，就要以嚴重酗酒問題為由，將他開除。如果佛瑞迪被開除，可能永遠無法再度飛行。他選擇第一個選項，將他們在馬布黑德的生活畫下句點。勞動節剛過，一家三口就搬回牙買加地產社區海蘭德廣場公寓九樓的角落公寓。

但佛瑞迪沒有徹底放棄飛行生涯，他覺得，如果他從較小的航空公司、較小的飛機、較短且壓力較低的航程起步，也許就可以重新振作起來。在琳達與佛瑞茲安頓下來的同時，佛瑞迪前往紐約上州的小城市尤蒂卡（Utica），為飛行美國東北地區通勤航線的皮埃蒙特航空（Piedmont Airlines）工作。

這份工作持續不到一個月，他搬到奧克拉荷馬州，為另一家當地航空公司飛行。佛瑞茲慶祝兩歲生日時，他還在那裡。十二月時，他回到皇后區。他喝酒喝到失控，知道自己不再能應付機師的工作了。身為家中唯一白手起家的人，佛瑞迪被慢慢地、冷酷地大卸八塊。

佛瑞迪的飛行生涯從開始到結束還不到一年，在別無選擇的情況下，他發現自己站在父親的面前。佛瑞德坐在他圖書室內的座位上，聽著長子要求一份本人根本不想要、佛瑞德也不覺得他能做的差事。

佛瑞德勉強同意，表明他是幫兒子一把。

之後，又一線希望浮現。

一九六五年二月，佛瑞德購得越野障礙賽馬樂園（Steeplechase Park）地皮。這是康尼島三個代表性休閒樂園之一，約從二十世紀之交就開業至今。越野障礙賽馬樂園比其他兩個對手還要多存活數十年；夢土（Dreamland）於一九一一年毀於火災，也遭遇祝融光顧的月神公園（Luna Park）則在一九四四年歇業。佛瑞德擁有一棟綜合大樓，還有一個月神公園商圈，不遠處就是同名樂園的原址。越野障礙賽馬樂園持續營業至一九六四年。蒂爾尤家族（The Tilyou family）從最初就擁有樂園，但高犯罪率與娛樂事業越趨競爭等諸多因素，促使他們將資產變現。佛瑞德得知越野障礙賽馬樂園可能適合用於開發，決心進行收購。他的計畫是另一個川普度假村風格的住宅區開發案，但需要克服一個重大障礙：修訂當前的土地使用分區法，從公共使用轉成私人建設。就在佛瑞德等候呈案的機會時，他開始遊說老親信支持，並開始起草方案。

他斟酌著讓佛瑞迪參與此一雄心勃勃計畫的可能性，瘋狂地想改善自身立場和拋下環球航空過往的長子，欣然接受了機會。佛瑞迪心想，這可能是他向老人證明自己的最後機會。

那時，琳達已有六個月的身孕，懷的就是我。

第二部

雲泥相望懸

第五章 受困

一九六四年九月之後，唐納一直住在家裡，通勤三十分鐘到布朗克斯（Bronx）的福德漢姆大學（Fordham University）上課。他後來避而不談這間學校。從紐約軍事學院一板一眼的作息進入大學相對鬆散的生活，對唐納來說難以駕馭，他常覺得閒閒沒事，在家附近晃來晃去找女生搭訕。一天下午，他碰到比利・德雷克的女友安娜瑪麗亞（Annamaria）站在自家車道，看她父親洗車。唐納認得她是誰，但兩人沒講過話。安娜瑪麗亞則從佛瑞迪那裡得知唐納的一切。兩人閒聊起來，她提起自己曾上過紐約軍事學院附近的一所住宿學校。

他問：「哪一所？」

她說了，唐納看了她一會兒，然後開口：「妳上那所學校令我非常失望。」比唐納年長三歲的安娜瑪麗亞不屑：「你以為你是誰，竟對我失望？」這就聊不下去了。唐納以為搭訕是要侮辱人，並裝作不可一世。安娜瑪麗亞卻聯想到沒長大的小二生，抓女生辮子表達愛慕之意。

由於佛瑞迪失寵，唐納看到取而代之、能在川普管理公司成為他父親左右手的機會。唐納學到教訓，要成為最優秀的人——即使以非他父親本意的方式進行——決意取得能與其新野心相稱的學位，就算這只確保了他吹牛的權利。佛瑞德完全不曉得一所大學相對於另一所具有的優勢——他和我祖母都沒上過大學——所以川普家孩子申請學校全都要自己想辦法。唐納知道華頓商學院（Wharton School）的名氣，他把目光放在賓州大學（Universiyt of Pennsylvania）。不幸的是，即使瑪麗安一直幫他寫作業，也不能到校幫他考試，唐納擔心他與第一名相差甚遠的學業平均分數，會破壞入學的機會。為保萬無一失，他找了很會考試的喬・夏皮羅（Joe Shapiro），代考申請大學必備的學術能力評估測試（SAT）。那時候沒有附照片的身分證和電腦紀錄，想混過去易如反掌。不缺錢的唐納沒虧待他的槍手。唐納也要求佛瑞迪去跟來自聖保羅市、恰好在賓州大學招生辦公室工作的詹姆斯．諾蘭（James Nolan）打招呼，也許諾蘭肯為佛瑞迪的弟弟說兩句好話。

佛瑞迪樂於相助，但他有祕而不宣的動機：雖然他從不把唐納視為競爭對手，或覺得他能取代自己，但他不喜歡身邊有這個越來越討人厭的手足。唐納不在會是一種解脫。

最終，唐納的精心策畫也許根本沒必要。那個時代，賓州大學不像現在這麼挑學生，半數以上的申請者都能錄取入學。無論如何，唐納得償所願。一九六六年秋天，他大二那年，自福德漢姆轉學至賓大。

一九六五年七月，我出生後兩個月，祖父以兩百五十萬美元買下越野障礙賽馬樂園；一年後，川普管理公司仍在大費周章設法取得所需的許可，和都市更新區段劃分。他們也還在與公開反對該案的人士角力。

佛瑞迪跟朋友說，情況與他先前在川普管理公司任職期間沒兩樣。佛瑞德巨細靡遺什麼都要管，對兒子缺乏尊重，讓原本可以是令人興奮的挑戰，變成無趣的工作。不用說也知道，功敗垂成會是一場災難。但佛瑞迪相信，如果他能參與成功地推動開發，在父親面前的地位會比較穩固。

那年夏天，我父母在蒙托克（Montauk）租了棟小木屋，從五月的陣亡將士紀念日直至九月的勞動節，讓父親能稍微躲開布魯克林的壓力鍋。媽媽計畫全職陪伴我和佛瑞茲，父親則在週末往返飛行。新近重新命名的甘迺迪國際機場距離川普管理公司辦公室僅十五分鐘車程，而蒙托克機場其實只是一大片空地開闢出來的一小塊飛機跑道，就在小木屋對面，所以通勤很方便。佛瑞迪最喜歡的，仍然是帶朋友飛到蒙托克，載他們一起去玩水。

夏天還沒過完，祖父的越野障礙賽馬樂園開發案就陷入危機，他心知肚明。佛瑞德長期仰賴他在布魯克林民主黨的人脈關係，過去有許多開發案因此步入坦途。然而，到一九六〇年代中期，他的政治密友失勢，他很快得知拿不到想要的都更區劃。儘管如此，他還是交付了佛瑞迪一項近乎不可能的任務：讓賽馬樂園一案起死回生。

時間所剩無幾。我父親才二十八歲，突然之間，就必須站出去面對大眾，辦記者會並安排合照。父親有張穿著風衣的照片，他身形瘦削，站在一間又大又深的空盪倉庫前，凝望一片空曠，顯得渺小又失落。

為防當地居民推動越野障礙賽馬樂園登錄為地標建築，此舉會叫停開發案並破壞他的計畫，佛瑞德決定進行最後一搏，在一九〇七年落成的嬉遊館（Pavilion of Fun）辦一場活動。活動目的是慶祝拆除遊樂園——趕在地標地位確立之前，先下手毀了社區想挽救的建築。他讓我父親開記者會，宣布這項計畫，讓他成為爭議的代表人物。這場盛會以泳衣模特兒為號召。來賓受邀投擲磚塊（現場買得到），砸向具代表意義的大窗，上面繪有遊樂園吉祥物、露齒大笑的提利（Tilly）。有張照片是我祖父手握大錘，對一名比基尼女郎咧嘴大笑的畫面。

那場面就是一場災難。多愁善感、懷舊情緒和社區意識，不是我祖父能理解的概念，但當那面大窗被砸破，連他也必須承認，自己做得太過火。由於在地人抗爭，他無法取得都更許可，被迫退出開發案。

此事暴露出他已式微。佛瑞德的影響力大都來自他的人脈。一九六〇年代早期到中期，紐約市的政治風貌有重大變化，佛瑞德的人脈和友人失勢後，沒人理睬他。他再也沒能推動原始建案。一九六四年完成的川普度假村，是川普管理公司最後建成的大樓。

跟後來的唐納一樣，佛瑞德沒肩膀承擔責任，把賽馬樂園一案的失敗怪罪到佛瑞迪頭上。最終，連佛瑞迪也自責不已。

唐納幾乎每週末都從費城開車回大宅。後來才知道，他在賓大混得沒比在福德漢姆好。課業對他沒吸引力，他也可能突然發現，自己不過是大池塘裡的小魚。一九六〇年代，紐約軍事學院最盛時期，八年級到十二年級也才五百多名學生，但賓大在唐納入學時已有數萬人。唐納用在大宅成長學得的技巧，熬過軍事學院最初兩年的低年級生歲月：假裝不在意失望和痛苦，忍耐來自體型較魁梧、年紀較長的男孩欺負。他不是很厲害的學生，但有某種魅力能讓別人順他的意，而那時並非完全出自於殘酷。高中時期，唐納是相當不錯的運動員，有人覺得他金髮藍眼、昂首闊步的模樣挺吸睛。他有惡霸的自信，知道不必爭就能拿到他想要的東西。等升上高年級，他在同學之間累積足夠的威望，他們選他在紐約市哥倫布紀念日大遊行（New York City Columbus Day Parade）中擔任紐約軍事學院代表團的領隊。但在賓大，他預知不會有這種風光場面，覺得除非必要，沒道理在那裡多花時間，反正顯赫的學位才是重點。

在賽馬樂園一案最緊要關頭、計畫曝光和收拾殘局之際，唐納做了相當多紙上談兵的事。由於佛瑞迪一直沒找到能抵抗他父親冷嘲熱諷的甲冑，因此對於當著自家兄弟的面被責難感到特別敏感。他倆小的時候，唐納旁觀會遭到連累。現在他長大了，發覺佛瑞德慢慢不再看重佛瑞迪，有利於己，所以經常隔岸觀火或趁火打劫。

祖父和父親在早餐室對賽馬樂園一案進行事後檢討，佛瑞德尖酸刻薄地指控，佛瑞迪則極力辯解又懊悔不已。唐納裝作沒顧慮到後果、漫不經心地對哥哥說：「如果你沒有每週都往蒙托克跑，也許可以更專注於這件事。」

佛瑞迪的兄弟姐妹都知道，他們的父親一直不認同佛瑞迪的嗜好。大家很有默契地不在老人面前提起那些飛機或遊艇。唐納這句話引發的反應，證明他們是對的，佛瑞德厲聲對長子說：「處理掉。」隔週，飛機就不見了。

佛瑞德讓佛瑞迪的日子很難過，但在馬布黑德之後，佛瑞迪似乎益加渴求父親的認可，賽馬樂園一案一敗塗地，情況更嚴重。不管他父親交代什麼，他都照做。但不論他能否意識得到，他將永遠無法如願。

佛瑞迪和琳達剛搬進海蘭德時，擔心其他租客會找房東的兒子抱怨。他們如今發現，叫修時，自己老是排在等候名單的最尾巴。

我父母住的主臥室在九樓角間，那裡的窗戶能看到東邊和南邊的無敵美景，但風很大。此外，海蘭德的每個房間都內建空調，安裝卻欠佳，所以只要一開空調，水珠就會凝結在石膏板牆和外面的磚牆之間。時日一久，滲入的濕氣會軟化石膏板牆。不到十二月，主臥室的牆面已經腐朽到讓冷風不斷吹進來。母親試著拿塑膠板蓋住空調附近的牆面，但北地的寒氣持續灌入。即使開足暖氣，他們的房間也冷到不行。海蘭德的管理員不回覆叫修的要求，那堵牆自始至終都沒修過。

紐約在一九六七年的除夕尤其嚴寒，但即使颳風下雨，我父母親仍然開車出門，往東到蒙托克的葛尼客棧（Gurney's Inn）與朋友相聚迎新。元旦凌晨，等他們準備開車回牙買加社區，天氣更冷，連綿細雨也變成滂沱大雨。佛瑞迪出去熱車時，電瓶壞了。他只穿襯衫，全身濕透，仍試圖發動車子。等他和琳達回到公寓和冷風颼颼的主臥室時，他已病倒。

前兩年的壓力，加上菸抽得多（每天平均兩包）、酒喝得凶，讓佛瑞迪的身體狀況本來就不好。他的感冒快速惡化，幾天後，躲不過寒風的他裹著毛毯簌簌發抖，病情絲毫未見好轉。琳達不斷打電話給管理員，都沒人接。她最後只能打給她的公公，懇求說：「爸，拜託，一定有人修得好這個。也許牙買加或布魯克林的另一棟樓有其他人會修？佛瑞迪病得很重。」祖父建議她再次聯絡海蘭德的管理員；他無能為力。

因為在佛瑞德的箝制下生活得太久，他們兩人竟然都沒想到，另外僱一名不領佛瑞德薪水的工人。但那不是川普家族處事的方法；不管需要與否，均須經過佛瑞德應允。牆一直沒修。

元旦過後一週，琳達的爸爸打電話來說她媽媽中風。她並不想離開丈夫，無奈她媽媽病情嚴重，她一安排好托兒，就南下勞德代堡。

沒幾天，瑪麗打電話來說，佛瑞迪因大葉性肺炎住進牙買加醫院。琳達立刻上了飛機，一落地就搭計程車直奔醫院。

我父親到一九六七年一月二十日結婚五週年紀念日都沒能出院。儘管他健康不佳，酗酒日益嚴重，我母親還是偷偷帶了瓶香檳和兩只酒杯溜進病房。不管周遭的煩心事，他們要好好慶祝。

父親出院回家幾週，琳達接到她爸爸的電話。他說，琳達的媽媽現在情況好多了，但他很不願意在採石場上全天班時，將她留給護士擺布。工作壓力、照護費用，以及放心不下老婆，讓他喘不過氣來。他說：「我精疲力竭，不曉得該如何撐下去。」

雖然琳達不懂她爸爸在暗示什麼，但他聽起來心煩意亂，她害怕他的意思是說，他們夫妻不如死了算了，而且可能因為絕望而做出傻事。當她跟佛瑞迪說她爸媽情況不穩，佛瑞迪叫她不要擔心，還打電話跟岳父說，他願意伸出援手：「辭掉你的工作，麥克。照顧好媽媽。」錢不是問題，至少那時候不是，但佛瑞迪不確定他父親對這件事有何反應。

佛瑞德說：「當然。那是你該為家人做的事。」

這件事與他相信應該送小孩上大學或參加鄉村俱樂部乃異曲同工，我祖父認為：即使無利可圖，或者不特別具有重要性，但那是「職責所在」。

賽馬樂園開發案告吹之後，佛瑞迪在川普管理公司的工作量減少。打從我哥出生，他和琳達已準備買房，如今得空，便開始看房。他們沒多久就在長島的富裕區布魯克維爾（Brookville）找到一棟理想的房屋，有四間臥室，半英畝大的地。搬家會讓父親的通勤時間增加至少半小時，但換個地方，離開他父親的大樓所帶來的自由，對他有好處。他向地產經紀人保證，他能出到賣方開價，申請房貸也不是問題。

幾天後銀行致電告知佛瑞迪，申貸遭拒，他目瞪口呆。除了在環球航空待過一年，他已經為他父親工作將近六年。他當時仍掛名川普管理公司高階主管，這家公司一年淨賺數千萬美元，一九六七年時約值一億美元。佛瑞迪生活優渥，沒有太多支出，另有一筆信託基金和股票投資組合（但規模快速縮減）。最合理的解釋是，佛瑞德仍因認定兒子背叛和賽馬樂園一案失利而耿耿於懷，插手讓他的房貸過不了關。我祖父在大通銀行（Chase）、漢華銀行（Manufacturer's Hanover Trust）和紐約市其他大銀行，都有認識的人和大額存款，不僅能保證佛瑞迪拿到貸款，也能輕而易舉地讓他拿不到。我們全家就這樣被困在牙買加的破敗公寓裡。

六月來臨，父親準備好要再到蒙托克避暑。他和母親租下同一棟小木屋，還賣掉他的部分藍籌股，籌錢買下一艘克里梭維奇型（Chrisovich 33）遊艇，上面有十六英尺的觀測艙，更適合他所愛的海釣。他也買了另一架飛機，這次是賽斯納飛機（Cessna 206 Stationair），引擎比派珀卡曼契有力，可搭載人數也較多。

新玩具不是只有休閒用途，父親還另有盤算。在賽馬樂園開發案後，他漸漸被川普管理公司晾著，他想做包租遊艇和飛機的生意，另創收入來源。如果一切順利，他也許能完全退出川普管理公司。他僱了一名全職船長負責遊艇出租業務，但到了週末，生意最賺錢的時候，他卻讓船長載著他和朋友到處玩。

琳達也在船上的時候，她注意到佛瑞迪喝的酒比別人都多，如同在馬布黑德，兩人因此越吵越凶。佛瑞迪酒後駕機的頻率升高到令人憂心的地步，那個夏天後，琳達開始不太願意搭他的飛機。情況越發明朗。九月不到，父親理解他的計畫行不通。他先賣了船，等佛瑞德發現飛機，他也一併賣了。

父親才二十九歲，已經快要沒什麼可以失去了。

第六章 零和遊戲

父親的笑聲驚醒了我。我並不知道到底多晚了，房裡很黑，但從門縫下能看見透進來的走道燈大亮。我溜下床。那時我兩歲半，五歲的哥哥睡在公寓遙遠的另一頭，所以我只能自己去看出了什麼事。

父母的主臥室就在隔壁，房門大敞，所有的燈都開著。我在門檻止步。父親背靠斗櫃，母親坐在他對面的床上，一手高舉，另一隻手把她自己從床墊上撐起來，身體後傾想躲。我沒馬上明白眼前的景象。父親正拿著手槍瞄準她，是那把放在船上用來射鯊魚、點二二口徑的手槍——而他笑個不停。

母親央求他住手。他抬起槍直至對準她的臉。她把左手臂舉得更高，並再次更大聲地尖叫起來。父親似乎覺得這樣很好玩。我轉身跑回床上。

母親將我和哥哥趕上車，帶我們到朋友家過夜。最終，父親循跡找到我們。他根本不記得自己做了什麼，但他承諾母親，不會再發生同樣的事。隔天，我們回公寓時，他在等我們，同意與母親設法解決問題。

但他們照常過日子，不承認婚姻出了問題。事情非但未好轉，甚至無法維持原狀。

不到兩英里外，在祖父的另一棟大樓裡，瑪麗安也遇上麻煩。她的先生大衛，兩年前丟了捷豹（Jaguar）汽車經銷商資格，至今沒找到工作。稍稍注意都會明白事情不對勁，但瑪麗安的兄弟姐妹和朋友都把大衛·戴斯蒙當作笑話——肥滋滋但無害。佛瑞迪從來不了解婚姻，也沒把他姐夫當一回事。

瑪麗安二十二歲時遇見大衛。她是哥倫比亞大學公共政策研究所的學生，本來計畫再念博士，但不想被家裡人（包括佛瑞迪在內）嘲笑是老處女，因此接受大衛求婚，並在拿到碩士後休學。

一開始的問題在於，信天主教的大衛堅持瑪麗安改變信仰。她怕惹父親不高興，或傷母親的心，不敢要求他們給予祝福。

當她終於開口，佛瑞德說：「做妳想做的事。」

她解釋，她有多麼難過令他們失望。

「瑪麗安，我壓根兒不在乎。嫁給他的人是妳。」

我奶奶什麼也沒說，事情就那樣定了。

大衛喜歡跟瑪麗安吹噓說，他會聲名大噪，到川普家難以企及的程度。雖然接受過良好教育，但他沒有任何實務技能能支撐他的雄心抱負。即便如此，大衛始終堅信會找到超越夢想的成功之道，「給他們瞧」。如同肥滋滋的喜劇主角雷夫．克拉姆登（Ralph Kramden），但少了人家的魅力、體貼或帶有福利的穩定工作，他的「下次大出擊」就像以前的汽車經銷業務，屢屢失敗，從未實現。婚後沒多久，大衛開始酗酒。

戴斯蒙夫妻住在川普家的一棟公寓，免付租，也透過川普管理公司享有與家裡所有人一模一樣的醫療保險，但沒有收入，房租和醫保全免也不能讓餐桌生出食物來。

最教人想不透的是，瑪麗安為何在財務上這麼仰賴她無能的丈夫，其難解程度一如伊莉莎白住在緊臨五十九街大橋、只有一間臥房的陰暗公寓裡，以及佛瑞迪沒法買房，而他的飛機、遊艇、汽車一一消失。我的祖父母在一九四〇年代就為四名子女設置了信託基金。不論瑪麗安能否領出本金，信託基金鐵定有孳息。但三名較年長的子女都被訓練到不開口求救，如果我的祖父母是這些信託基金的受託管理人，他們三個人永遠也走不出財務困境。求援意味著你軟弱或貪心，或想占人便宜，唐納例外。求援如此教人看不起，以至於瑪麗安、佛瑞迪和伊莉莎白全都以不同的方式，忍受著完全可以避免的貧窮匱乏。

瑪麗安在夫婿持續失業幾年後，已無計可施。她用一種不致引發懷疑的方法接近她的母親。每次回大宅，她會若無其事地說：「媽，我自助洗衣需要銅板。」她以為沒人知道她的境況有多慘。對佛瑞德來說，女兒一旦結婚，就不該由他操心。但奶奶火眼金睛，沒開口問，是不想打探隱私，或想為瑪麗安保留「自尊心」，她會遞給女兒一個裝滿零錢的餅乾罐，那是她從我祖父大樓的自助洗衣機和烘乾機收回來的銅板。每隔幾天，奶奶就披著狐狸毛披肩、開著粉紅色敞篷凱迪拉克（Cadillac），到布魯克林和皇后區繞一圈收銅板。我姑姑後來承認，在擁有巨額財富的家族裡，那些餅乾罐救了她一命；沒有那些餅乾罐，她和她兒子連飯都吃不上。

瑪麗安至少要能買得起食品雜貨，不必拐彎抹角地去跟我祖母討錢。但不論多慘，川普家的這三名子女都沒法得到家裡人的實質幫忙。過了一陣子，也就沒有嘗試的必要。伊莉莎白接受了她的命運。我父親最終相信自己活該。瑪麗安說服自己，不求援或接受幫助是一種榮譽。他們對我祖父的畏懼深入骨髓，到了自己都認識不清的地步。

大衛·戴斯蒙後來無以為繼。他找不到工作，酗酒的毛病惡化。瑪麗安絕望無助，但謹慎小心地不表現出她像是在要求任何事，她向佛瑞德暗示，大衛會很開心能在川普管理公司任職。我祖父沒多問出了什麼問題，他給女婿一份停車場管理員的工作，在牙買加社區他的一棟樓裡。

一九六八年春天，唐納自賓州大學畢業，直接進了川普管理公司工作。打從第一天上任起，我這位時年二十二歲的叔叔獲得的尊重和津貼，以及他領的錢，都比我父親多得多。

祖父幾乎立刻指定唐納成為川普管理公司旗下數家公司的副總裁，任命他擔任不須真的去管理的一棟大樓的「管理人」，付他「諮詢」費，並「聘」他處理銀行業務。

這有兩層意義：首先，這是個簡單的方法，能讓佛瑞迪留在位子上，同時示意其他員工有問題時去請示唐納。其次，這有助於鞏固唐納實質接班人的地位。

唐納獲得他父親的關注，別人都做不到這件事。佛瑞迪的朋友無法理解，為什麼唐納在佛瑞德眼裡是個「寶」。但在唐納為他父親工作，並視察建築工地的許多個夏天和週末過後，佛瑞德將房地產業務的眉眉角角全都教給了唐納。唐納發現，他喜歡與包商打交道，周旋於支撐紐約地產世界的政治和金融圈遊刃有餘。父子倆可以沒完沒了地聊商業、地方政治和八卦，把其餘的人都當門外漢。佛瑞德和唐納的好惡很像，他們能平起平坐，佛瑞迪則不行。比起父親和弟弟，佛瑞迪擁有較寬廣的世界觀。他與唐納不同，在大學時期參與多個組織和團體，得知其他人的觀點。在國民兵以及在環球航空擔任機師時，他看到最聰明優秀的專業人士，這些人相信該為多數人謀福利，有些事重於金錢，例如專業、奉獻和忠誠，他們理解人生並非零和遊戲，但那反而成為我父親的問題。唐納與佛瑞德一樣狹隘、粗野、自負，然而他有佛瑞德豔羨以及佛瑞迪欠缺的自信大膽，佛瑞德打算將唐納的特質轉變為他的優勢。

唐納企圖在川普管理公司取代我父親，有了好的開始，但家裡關係仍舊一團糟。羅伯特在波士頓大學，因此逃過赴越南服役，唐納和伊莉莎白彼此不往來。佛瑞迪盡最大的努力讓弟弟加入他的朋友圈，但不太順利。他的朋友是一群悠哉隨和的人，喜歡和佛瑞迪飛到東邊釣魚、滑水。他們發現唐納欠缺幽默感，且自以為是，很惹人厭。雖然他們看在佛瑞迪的面子上，歡迎他弟弟，但並不喜歡他。

唐納進川普管理公司快一年時，他和佛瑞迪之間的緊張關係明顯可見。雖然佛瑞迪嘗試把歧見留在辦公室，唐納卻緊咬不放。即使如此，當比利・德雷克的女友安娜瑪麗亞邀大家過去共進晚餐，佛瑞迪仍詢問能否帶他弟弟來。

那天晚上沒比唐納幾年前試圖搭訕安娜瑪麗亞好多少。他們兄弟倆才到沒多久，就開始大小聲，把在廚房備餐的安娜瑪麗亞都引了出來。她看到唐納距離佛瑞迪不過幾英寸，臉脹得通紅、手指著他哥哥的鼻子，看起來像是要出拳揍他，安娜瑪麗亞擠到兩個長人中間。

佛瑞迪往後退一步，咬著牙說：「唐納，滾出去。」

唐納不敢置信，在憤怒轉身、甩門離去時說：「好得很！你去給她舔陰！」

「白痴！」安娜瑪麗亞在他後面吼。她轉身看佛瑞迪問：「怎麼回事？」氣到發抖的佛瑞迪只說：「工作上的事。」他們不再提這事。

在海蘭德，情況不見好轉。雖然我母親怕蛇，但父親有天帶了一條球蟒回家，並把牠的飼養箱放在小書齋，母親每次去洗衣、到我哥房間或離開公寓，都必須經過那條蛇。這種無端的折磨讓兩人吵得更凶，不到一九七〇年，母親就受夠了，她要求父親搬出去。兩個禮拜後，他沒打招呼就自己開門進來，母親打電話給祖父，堅持要換門鎖。這次，佛瑞德沒反對；他什麼也沒問，沒責備她。他只說會處理，他也做到了。

父親再也沒和我們住在一起。

母親致電祖父的一名律師麥修．托斯堤（Matthew Tosti），說她想離婚。托斯堤和他的合夥人爾文．德班（Irwin Durben），自一九五〇年代開始為我祖父效力。我父母分居之前，凡涉及到我和我哥，或者錢的事，托斯堤先生一直是主要聯絡人。他變成她的知己；在川普家族的一片冷漠當中，他如同給予溫暖和支持的盟軍，她把他當朋友。

托斯堤先生也許天性純良，但他分得清誰能給他好處。雖然母親有自己的代表律師，但離婚協議可能得按祖父的意思來。佛瑞德知道他的兒媳對我父親的家族財富，或對佛瑞迪身為巨富之子的身價一無所知。

母親後來拿到每週一百美元的贍養費，加上每週五十美元的子女撫養費。在那個時代，這筆錢並非微不足道，尤其是大筆支出，像是學費、夏令營報名費、醫療保險等等，都會另外打點好。我父親也負擔公寓租金。因為祖父擁有我們居住那棟樓的所有權，所以月租金僅九十美元（多年後我才知道，我哥和我各擁有海蘭德百分之十的股權，所以回顧往事，向我們收租根本是畫蛇添足）。父親的付租義務有兩百五十美元上限，這限制了我們搬家的選擇，很難搬去比較好的公寓或社區。佛瑞迪背後有那時價值逾一億美元的家族，同意支付私立學校和大學學費。但我們出去度假必須經過托斯堤先生首肯。他們沒有婚姻共同財產可供分割，所以我母親的淨值是她每月拿到的六百美元，這個金額在接下來的十年從沒變過。扣掉開銷，母親幾乎沒有多餘的錢留給一年一度的耶誕基金，更別提存錢買房。

母親獲得我和哥哥的完整監護權，那時都是這樣，但訪視權未明確規定：「有合理通知、在合理時段，川普先生應能自由探視（兒女）。」在大部分的案例中，探視意味著每隔兩週可以接小孩過去，每週有一個晚上一起進餐。我父母的協議最終也變成那樣的安排，但一開始並沒有正式規定。

賽馬樂園開發案在一九六九年正式被擋下，市府後來從我祖父手中買回那塊地。他什麼也沒蓋，揣著一百三十萬美元獲利走人，卻毀了大家鍾愛的地標。我父親一無所獲，只背了黑鍋。

第七章 平行線

當佛瑞迪（在一九六〇年）以及唐納（在一九六八年）加入川普管理公司，兩人對未來有相近的期待：成為父親佛瑞德的得力助手，然後繼承他的位子。他們在不同時期、以不同的方式被培養做接班人，買華服名車都不缺錢。但他們的相近處止步於此。

佛瑞迪很快發現，他父親不願意給他空間，除了最乏味的工作，不肯交付其他任務，這個問題在川普度假村的興建進入緊張期時，到了非解決不可的地步。他覺得被困住、沒人欣賞、處境艱難，因此到別處找出路。二十五歲時，他成為職業機師，在環球航空開波音七〇七飛機，養活他的小家庭。那是佛瑞迪個人和職業生涯的巔峰。二十六歲回到川普管理公司，他重振名聲的機會因賽馬樂園開發案消失殆盡，前景就此告終。

一九七一年之前，除了當機師的十個月，父親一直為祖父工作，長達十一年。然而，佛瑞德卻拔擢了當時年僅二十四歲的唐納，出任川普管理公司總裁一職。唐納到職三年，經驗乏善可陳，壓根兒不夠格，但佛瑞德似乎不以為意。

實情是，佛瑞德的川普管理公司並不需要兩個兒子其中的任何一個。他把自己擢升為執行長，但工作內容絲毫沒變：他就是個房東。佛瑞德自六年前賽馬樂園一案後，沒再做過開發案，所以唐納的總裁一職很空泛。一九七〇年代初期，紐約市的經濟瀕臨崩潰，聯邦政府刪減聯邦住房管理局的經費（主要是越戰支出太高），所以佛瑞德拿不到那邊的補助了。紐約州提供平價屋或廉租房的補助方案——米契爾—拉瑪住房計畫（Mitchell-Lama）——也戛然而止。

就商業運作而言，給唐納升職毫無意義。他升職能做什麼？我祖父沒有任何開發案，他仰賴數十年的政治權力結構正分崩離析，而紐約市的財務也陷入困境。升職最主要的就是為了懲罰和羞辱佛瑞迪。這是一長串懲戒的最新招數，幾乎是最狠的作法，尤其是在那個時機點。

佛瑞德鐵了心要給唐納安排一個位子。他開始理解，雖然他的次子無法每日專注於細節、操持他的事業，但他的個性有更具價值之處：敢想、敢做。佛瑞德一直想拓展他的事業帝國，跨河到曼哈頓去，那是紐約市地產開發商夢寐以求的聖杯（Holy Grail）。他的早期職涯表現出他有推銷自己、虛情假意和大言不慚的天分。但佛瑞德是德國移民的第一代子嗣，英語並非他的母語，他必須強化溝通技巧——他上戴爾・卡內基的課有他的用意，不是為了加強自信。但卡內基課程對他沒用。另一個障礙或許更難克服：佛瑞德的母親雖然有些具前瞻性的想法，總體而言卻保守樸實。她的兒子可以成功致富，但不能顯擺。

唐納沒有這樣的掣肘。他跟佛瑞迪一樣討厭布魯克林，只不過理由大不相同——他討厭這裡代表勞工階級的無足輕重，欠缺「潛力」，迫不及待想離開。川普管理公司坐落在Z大道，就在南布魯克林、我祖父眾多大型公寓當中一棟叫作海灘港的建築裡。佛瑞德沒怎麼翻新這裡。狹窄辦公室的外間塞進太多辦公桌，小小的窗戶採光不佳。如果唐納以附近公寓大樓的單位數、地租的價值，以及每月注入川普管理公司的金額來考量，會認知其中的巨大機會。但他每次站在辦公室外面，端詳海灘港平淡無奇的外表，必然為這裡配不上他的想法感到窒息。留在布魯克林發展不是他的夢想，他打定主意盡快脫身。

除了由他父親公司付錢請的司機、開著他父親公司租賃而來的凱迪拉克，載著他在曼哈頓到處繞，以便「視察產業」外，唐納的工作內容似乎包括謊稱自己的「成就」，據稱他還拒絕出租公寓給黑人（後來成為司法部提告的原因，指控我的祖父和唐納有種族歧視）。

在他急欲加入的曼哈頓圈子，唐納花了相當多的時間打造形象。他是看電視長大的第一代，一次看好幾個小時，很喜歡影集。那對於塑造他所代表和體現出來的華而不實形象，有一部分的影響。他能很自在地演繹那種形象，加上有他父親的偏寵，出錢供應他的物質需求，給了唐納莫名的自信，能成功扮演一開始純屬偽裝的角色：他不僅把自己塑造成有錢的花花公子，而且還是絕頂聰明、白手起家的生意人。

早期，那些昂貴的表象由祖父私下熱情贊助。佛瑞德沒有立即了解唐納的能耐有限，不知道他空口白話，而唐納反正很開心能花他老爸的錢。對佛瑞德來說，他已決心投資兒子。一九六〇年代晚期，佛瑞德在紐澤西州開發一棟高樓作為老人住宅，這個案子有一部分在於練習如何取得政府補助（佛瑞德收到七百八十萬美元，實際上是無息貸款，用以支付該案百分之九十的營建費用），有一部分則凸顯出他為了成就次子，願意做到什麼程度。這棟樓蓋起來，唐納沒出一毛錢，但他收到諮詢費，還收錢管理這項產業，明明現場由全職員工負責。光是這個案子，就為唐納帶來一年數萬美元的收入，儘管事實上他一無貢獻，不管開發、墊款或管理，都沒冒半分風險。

佛瑞德用差不多的戲法，在拍賣時以五百六十萬美元買下史威夫頓花園（Swifton Gardens），這是聯邦住房管理局的一項計畫，原始造價高達一千萬美元。此外，佛瑞德取得五百七十萬美元貸款，用在整理修繕，基本上沒為這棟樓出半毛錢。他稍後以六百七十五萬美元出售這棟樓，唐納攬下所有功勞，拿走大部分利潤。

我父親的飛行夢被奪，現在連與生俱來的權利都喪失了。他不再是丈夫；很少看到孩子。他不知道自己還剩下什麼，或接下來要做什麼。但他知道唯一能保留自尊的方法是離開川普管理公司，這次絕不回頭。

父親搬出海蘭德後的第一間公寓，是在皇后區桑尼賽德（Sunnyside）一條安靜的林蔭路上、磚造排屋的地下室套房。他當時三十二歲，從來沒有一個人住過。

我們走進門，首先看到的是養了兩隻束帶蛇的玻璃缸，以及有一條球蟒的觀賞箱。

在那幾條蛇左邊的架子上，有個玻璃缸養了金魚，另一個墊了稻草梗，幾隻小老鼠在裡面亂爬。我知道那些老鼠是做什麼用的。

除了拉合式沙發、一張小餐桌、兩把廉價椅，還有一台電視，再加兩個觀賞箱，裝了鬣蜥蜴和陸龜。我們給牠們取名為番茄（Tomato）和伊茲（Izzy）。

父親似乎很以他的新居為傲，不斷添加更多動物進來。有次去探望他，他帶我們到樓下的鍋爐室看一只紙箱，裡面有六隻雛鴨。房東讓他裝了些保溫燈，整理成臨時養殖所。牠們好小，我們只能用點眼藥的滴管餵食。

祖父對我父親說，「好好想想吧」，似乎那樣能夠讓他兒子停止酗酒，好像這是意志力的問題。他們倆在書房，破天荒面對面而坐——並非對等，他倆從來不平等，而是兩個有問題待解決的人，即使可能永遠無法商量出解決方案。

雖然醫學在過去數十年對酗酒和上癮的看法有很大的改變，但大眾的認知並沒有太大的進步。儘管匿名戒酒會（Alcoholics Anonymous）之類的治療方案自一九三五年即已存在，但有酒癮的人仍舊擺脫不了汙名。

祖父會說：「痛下決心，佛瑞迪。」他講的都是皮爾牧師會贊同卻毫無作用的陳腔濫調。佛瑞德所擁有離哲學最近的東西便是豐盛福音（prosperity gospel），用來當作鈍器以及逃生口，但從來沒像這次深深刺傷他的孩子。

我父親說：「他就像在告訴我，痛下決心擺脫癌症。」佛瑞迪說的沒錯，但我祖父全心全意相信當時盛行的「責備受害者」的觀點，沒法超越那種心態。

「爸，我必須戰勝它，我不認為我能獨力而為，我知道我不行。」

佛瑞德說的不是「我能為你做什麼」，而是問：「你想向我討什麼？」

佛瑞迪不知道從何說起。

祖父這輩子都沒生過病；從沒錯過一天的工作；從未因為沮喪、焦慮或心痛暫停腳步，連他的妻子快過世了都不曾。他像是完全沒有弱點，因此無法理解或認同別人有弱點。

他對奶奶受傷或生病也都處理得不好。每次奶奶難受，祖父會說些「一切都很好，是吧，親愛的？妳只須正面思考」的話，然後快步離開房間，留她獨自面對痛楚。

有時候，奶奶會強迫自己回答：「是的，佛瑞德。」但她通常一聲不吭，咬緊牙關，努力不哭出聲來。我祖父永無止境地堅持，每件事都「棒透了」，不留空間給其他感受。

我們被告知父親生病了，會住院幾週。我們也被告知，他必須放棄他的公寓——顯然房東想租給別人。佛瑞茲和我去收拾我們留下的衣服、玩具和其他雜物，等到我們抵達，那地方幾乎完全清空。玻璃缸沒了，蛇不見了。我一直不曉得牠們的下落。

當父親不知是從醫院還是療養院回來後，他搬進我祖父母家的閣樓。那是個暫時性的安排，沒想費任何力氣把它改造成一個合適的生活空間。所有的儲物箱和舊玩具——包括我祖母這些年藏起來的舊玩具消防車、吊車和垃圾車——都給簡單地堆放到閣樓的一頭，另一頭則架起一張帆布床。父親把他的可提式六吋黑白電視機放在窗下一只老舊的國民軍軍用行李箱上。

佛瑞茲和我去探望他時，我們在他的帆布床旁邊打地鋪，三個人沒完沒了地看老電影，像是《偷襲珍珠港》（*Tora! Tora! Tora!*），還有《瘋狂世界》（*It's a Mad, Mad, Mad, Mad World*）。如果身體狀況好到可以下樓，父親會在週日加入我們，觀看在WPIX頻道每週播出一次的喜劇電影《艾伯特和科斯特洛》（*Abbott and Costello*）。

一、兩個月過後，祖父告訴父親，他在一九六八年買下的桑尼賽德大樓（Sunnyside Towers）有間空房——頂樓的一房公寓。

父親準備要搬到桑尼賽德時，瑪麗安拿到六百美元貸款，正要開始就讀霍夫斯特拉大學法學院（Hofstra Law School）。雖然那不是她的第一選擇，但霍夫斯特拉離牙買加社區僅十分鐘車程——近到她早上仍舊可以送我表哥上學，下午接他回家。重回學校是推遲許久的夢想。她也希望，成為律師能讓自己有一天有本事離開她的丈夫，他們這些年來每下愈況。大衛的岳丈給他的停車場管理員工作，是他一直無法釋懷的羞辱。這些年，大衛不時把氣發洩在妻子身上，尤其是醉酒之後。他兒子就睡在隔壁房間，他卻不只一次拿槍指著她，拿刀威脅她。

瑪麗安力求獨立，讓她的丈夫更加瘋狂，她第一天上法學院下課回家，她丈夫一怒之下把十三歲的兒子趕出公寓。瑪麗安帶兒子到大宅過夜。大衛・戴斯蒙清空夫妻倆聯名儲蓄帳戶裡的一點點錢，離開了紐約。

當整個家族聚在一起，我們大部分的時間都待在書房，這是一間沒有書的房間，直到唐納僱寫手於一九八七年出版《交易的藝術》（*The Art of the Deal*）後才改觀。書架改而展示婚紗照和藝術照。觀景凸窗可以俯視後院，對面的牆上掛著一張五個兄弟姐妹長大後的照片，取代他們小時候的合照，照片中的佛瑞迪十四歲。在這裡，非攝影工作室拍的照片僅有兩張，一張是我祖母的黑白照，她看起尊貴不可一世，頭戴帽子、身穿披肩，與那時還是小女孩的姑姑們走下飛機舷梯，那裡是在她的出生地——蘇格蘭路易斯島的史托諾韋；另一張是唐納穿著他在紐約軍事學院的正式制服，帶領學校代表團參加紐約市哥倫布紀念日大遊行的照片。靠牆有兩張兩人座的深藍和綠色人造皮沙發，電視前面還有一張大椅子，小孩都搶著坐在那裡。祖父穿三件式西裝、打領帶，坐在最靠近門邊電話桌的兩人座沙發上，雙腳平穩著地。

每週六，如果我們不在桑尼賽德陪父親，佛瑞茲和我會騎腳踏車，沿海蘭德大道往下，走牙買加社區後巷到大宅去，與表哥大衛——或者說，是佛瑞茲和大衛一起消磨時間，我在旁邊當跟屁蟲。

只要瑪麗安和伊莉莎白過來，奶奶就會和她們圍坐在一張天藍色美耐板檯面的小桌子，桌沿有不鏽鋼包邊飾條，看起來就像出自一九五〇年代的小酒館。再過去，有個衣帽間大小、光線暗淡的食品儲藏室，裡面擺了張小桌，奶奶用來整理她的採購單、收據和帳單。可憐的女管家瑪莉經常躲在裡面聽她的手提收音機，碰上下雨天或天氣太冷，大衛、佛瑞茲和我只能待在大宅裡時，她會被我們煩到抓狂。食品儲藏室的另一邊，有個推門通到餐廳。我們會從後門玄關跑到廚房，經過前廳，繞到餐廳，通過食品儲藏室，再回到廚房，把這條路線當成我們的競速跑道，互相追逐、推擠、尖叫、加速，其中一定會有人撞上家具。在冰箱和食品儲藏室入口之間，奶奶通常隨我們胡鬧，但如果她在廚房，就會不耐煩地吼我們停下來。如果我們置之不理，她會拿出木頭勺子威脅我們——拉開抽屜的聲音已足以叫我們聽話。但若有人犯蠢，繼續繞著她跑、大聲吵鬧，離她最近的那個人會挨揍。伊莉莎白盡她的本分，在我們通過時扯住我們的頭髮，叫我們慢下來。

在那之後，佛瑞茲、大衛和我通常跑進地下室——大人只在去洗衣間或停車間時才會經過，所以我們可以放肆大聲喧嘩、踢足球、輪流（或搶著）坐奶奶的電動樓梯升降椅上上下下。我們大都在最深處的那一頭玩，會打開所有的燈。除了祖父那些真人尺寸的印地安酋長木雕像，像石棺一樣排隊靠牆擺放之外，這是一個相當典型的地下室：掛有日光燈的平釘天花板、黑與白間隔的油氈地板，以及一架嚴重走調到不值得一彈、乃至於沒人理睬的老式直立鋼琴。上面有唐納參加紐約軍事學院樂旗隊時戴的大羽毛帽。雖然戴起來會滑到我的鼻梁，但我偶而會戴上，並把繫帶繫好在下巴下面。

當我一個人待在下面，那個地下室成為一個奇特的異域空間——燈光半亮、木製印地安人在陰影裡站崗。樓梯對面的角落建有一個深紅色的大吧台，附設齊整的高腳椅、布滿灰塵的玻璃杯，和一個工作水槽，但沒有酒——在一個不飲酒的人蓋的房子裡有些反常。酒吧後面的牆掛了一幅大型油畫，上面是一名有著美麗豐盈雙唇和渾圓滾翹雙臀的黑人歌手。她穿著曲線畢露、荷葉飾邊的金黃色洋裝，站在麥克風前，嘴微張，手向前伸。身後有個全是黑人男性組成的爵士樂團在演奏，他們穿白色的晚宴外套、繫黑領結。喇叭閃閃發光，木管熠熠生輝。吹單簧管的樂師眼底星光燦爛，直視著我。我會站在吧台後面，肩上披條餐巾，為假想虛構的顧客調酒。或者，我會是唯一的顧客，坐在高腳椅上想像自己進入畫中世界。

羅伯特叔叔沒比我們大多少，更像手足而非長輩，他只要從市區回來，都會陪我們在後院踢足球。我們玩得很瘋，天氣熱的時候，會一直跑進廚房拿可樂或葡萄汁。羅伯特經常抓一條費城牌奶油乳酪，靠著冰箱，撕開錫箔紙，把奶油乳酪當糖果棒吃，再把可樂灌下去。

羅伯特是非常厲害的足球員，我努力不要落後男孩，但有時候會覺得他拿我當踢球的靶子。

唐納在大宅的時候，我們多半打籃球或傳美式足球。他在紐約軍事學院打過籃球，比羅伯特更不可能寬大為懷；完全不覺得只因為他的姪子姪女僅六歲、九歲或十一歲，就該手下留情。當我真的接到他丟給我的球，球碰到我皮手套的聲音就像子彈擊中磚砌擋土牆。就算和小孩在一起，唐納說什麼也要贏。

僅有最努力的樂觀派才能住在桑尼賽德大樓而不放棄希望。那裡沒有門房，壓克力前門的兩側花壇裡，塑膠花和植物永遠裹了一層薄灰。我們的六樓走道散發出陳年菸味，潮掉的地毯是無精打采的灰色，頭頂不夠亮的燈卻什麼也藏不住。

父親過得最輝煌的日子是他和我母親剛結婚時，住在靠近薩頓廣場的一房公寓。那一年，他們晚上會和朋友上科巴卡巴那夜總會（Copacabana）玩，並飛到比米尼（Bimini）度週末。此後一路走下坡，反之，唐納的生活型態隨歲月流逝變得越發奢侈。唐納娶伊凡娜（Ivana）時已經住在曼哈頓。婚禮之後，他們先住在第五大道上的兩房公寓，然後搬到也在第五大道上的八房公寓。五年內，他們住進川普大樓價值千萬美元的頂樓挑高公寓，這些都是唐納還是我祖父的支薪員工時的事。

祖父在一九六〇年代成立米德蘭公司（Midland Associates）以嘉惠子女，每個人都能拿到八棟建築百分之十五的股權，其中之一是桑尼賽德大樓。這種顯然在某種程度上是合法的財富移轉——如果不算公然欺騙——明擺著是為了避免明面上轉讓須繳交的大筆贈與稅。我不曉得父親是否知道，他擁有他住的地方的部分股權，在一九七三年，他的持股約值三十八萬美元，或依現在物價的計算，大約是兩百二十萬美元。他似乎無法取用這筆錢——他的船和飛機不見了；他的野馬（Mustang）和捷豹也消失了。他留下飛行認證考試（ＦＣＴ）不值錢的牌照框，但現在裝在一輛破舊的福特大車上。我父親曾經擁有的財富在那個時候純屬理論。如果不是他取用信託基金的途徑被阻斷，就是他不認為自己還有權利動用那筆錢。不管原因為何，他都要看他父親的臉色。

對講機響起來的時候，父親和我正在看一場電視轉播的紐約大都會隊（Mets）棒球賽。他看起來很意外，跑去應門。我聽不到誰在樓下大廳呼叫，但我聽到父親輕聲罵「混帳」。下午本來過得很悠閒，但現在父親似乎很緊繃。他告訴我：「唐納要上來兩分鐘。」

「為什麼？」

「不知道。」他似乎很煩躁，這對他來說並不尋常。

父親把襯衫塞好，門鈴一響就開了門。他退後兩步讓他弟弟進門。唐納穿著三件式西裝和閃亮的皮鞋，手上拿著一封厚厚的牛皮紙信封袋，上面繞了好幾條橡皮筋。他走進起居室。看到我時喊：「嗨，小可愛。」

我對他招手。

唐納轉回去，輕蔑地四處張望，跟我父親說：「真要命啊，佛瑞迪。」我父親沒理會。唐納把信封丟在咖啡桌上，「父親需要你在上面簽名，然後拿回布魯克林。」

「今天嗎？」

「對。幹嘛？你在忙嗎？」

「你拿去給他。」

「我不行。我要回市區，去看一些要法拍的產業。現在正是占那些買在高點魯蛇便宜的好時機。」

佛瑞迪絕不敢自己離開布魯克林去搞開發。幾年前，他和琳達有次週末出遊，開車走跨布朗克斯快速道路（Cross Bronx Expressway）到波可諾（Pocono），路邊經過一排又一排的破房子，琳達提議他可以自行創業，到布朗克斯搞舊大樓翻新。

佛瑞迪說：「我不可能違逆父親，布魯克林是他的一切，絕不會同意。」

現在，唐納看向窗外說：「父親在布魯克林會需要用人，你應該回去。」

「做什麼呢？說得確切些。」父親譏嘲。

「我不知道。你以前的工作吧。」

「我以前做你的工作。」

在不自在的沉默中，唐納看看他的錶。「我的司機在樓下等。四點前把這個拿給父親，可以嗎？」

唐納離開後，父親在我旁邊坐下，點了根菸。「所以，小傢伙，」他說：「想搭車去布魯克林嗎？」

我們抵達辦公室時，先去拜訪艾美．盧爾森（Amy Luerssen），她是祖父的祕書和守門人（也是我的教母），桌位就在老闆門外。艾美阿姨顯然很喜歡我父親，喊他「我的佛瑞迪」。

祖父的私人辦公室是個採光不佳、方方正正的房間，牆上有垢斑和裱框證書，四周散置一大堆帶有完整頭飾的印地安酋長半身像。我坐在他的辦公桌後面，從似乎用不完的富萊爾牌（Flair）藍色麥克筆，以及與大宅同樣厚的廉價便條紙裡，挑紙筆寫字畫畫，直到該吃飯為止。如果我一個人待著，就會在他的椅子上瘋狂旋轉。

祖父永遠都是帶我們去葛喬洛餐館（Gargiulo's）用餐，那是家正式的餐館，用硬挺的布餐巾和桌布，他幾乎每天都去。必恭必敬的侍者認得他，一直「川普先生」長「川普先生」短，替他拉椅子，整頓飯下來總是無微不至地照顧他的需求。艾美阿姨或辦公室有其他人和我們一起去用餐的時候，氣氛比較好，因為那能減輕父親的壓力；他和祖父幾乎無話可談了。我們去辦公室的時候，並不常遇到唐納，但萬一遇上，情況更糟。他會表現得像是他在主導全場，祖父似乎不僅鼓勵，也很享受這種感覺。有唐納在場，祖父就變了一個人。

一九七三年，司法部民權部門控告唐納和我祖父違反《一九六八年公平住房法》（1968 Fair Housing Act），依祖父的說法就是拒租黑人（die Schwarze）。那是聯邦有史以來最大宗的住房歧視訴訟，惡名昭彰的律師羅伊・柯恩（Roy Cohn）提議協助。唐納和柯恩曾在東五十五街、只限會員出入的時髦餐館和迪斯可舞廳俱樂部碰過面，范德比爾（Vanderbilt）和甘迺迪（Kennedy）家族、一堆國際名流和世家子弟都經常出入那裡。柯恩十多年前曾經很不光彩地參加約瑟夫・麥卡錫（Joseph McCarthy）以失敗收場的反共運動。他後來被迫辭去參議員首席法律顧問一職，但此前指控十幾個人是同性戀或與共產黨有牽連，已經先毀掉這些人的生活和事業。

如同許多性情乖戾但人脈很廣的人一樣，柯恩不受規矩所約束。他受部分紐約上流圈喜愛，又受僱於各式各樣的顧客，包括媒體大亨魯柏・梅鐸（Rupert Murdoch）、黑幫老大約翰・高蒂（John Gotti）、美國律師和法律學者艾倫・德蕭維茨（Alan Dershowitz），以及他成長的地方，紐約羅馬天主教大主教管區。他後來變得很有錢、很成功，非常有權有勢。

雖然佛瑞德顯得保守的地方，柯恩會顯擺，佛瑞德不苟言笑的地方，柯恩會大聲嚷嚷，但兩人相異之處在於程度，而非類型。柯恩的偽善無情更公然無隱，佛瑞德則在於與家人相處時顯露出自己精通此道；佛瑞德也把唐納訓練得會受到柯恩這類人的吸引，如同他後來受威權人物如俄羅斯總統普丁和北韓領導人金正恩等人的吸引，他們樂於接受逢迎拍馬，也有嘉惠唐納的權力。

柯恩建議川普管理公司對司法部提出反訴，求償一億美元，聲稱政府對他的客戶做出錯誤和誤導人的陳述。這項操作荒謬但高調有效，至少很有宣傳效果，讓時年二十七歲的唐納首次登上報紙頭版新聞。而且雖然反訴被法院駁回，但川普管理公司可以和解此案。他們沒承認不法行為，僅須改變租賃作法以避免歧視行為。因為媒體廣泛報導，柯恩和唐納都認為打了一場勝仗。

當唐納靠羅伊・柯恩之流發家致富時，支持他的是佛瑞德的慷慨贈與，以及相信自己天資聰穎且高人一等的妄念。諷刺的是，他小時候學得的防衛之道——在充滿漠不關心、恐懼和忽視的童年，保護自己不受傷害——以及被迫旁觀佛瑞迪受虐，都得以訓練他發展出哥哥明顯欠缺的特質：他父親要求的「殺手」特質和代理人能力。

沒法明確知道佛瑞德何時開始留意唐納，但我懷疑是從他將兒子送進軍校之後。唐納似乎很能接受來自他父親的教誨，要強悍、成為「殺手」，他靠著吹噓不時被學長痛揍，或假裝不在乎自己被家裡放逐，來證明自己的價值。佛瑞德對唐納越來越有信心，他們之間形成一種紐帶，且讓唐納有了堅定不移的自信。畢竟，家裡最重要的人，唯一講話有分量的人，終於表現出對他的偏袒。唐納不像佛瑞迪，他從他父親那裡得到的是正面關注。

大學畢業後，唐納出社會，用他父親的人脈去建立更多人脈，也用他父親的錢打造自己新興權貴的形象，佛瑞德知道，兒子得到的好評有助於他的利益。畢竟，如果唐納被視為一個有前途的談判大師，佛瑞德將厥功甚偉——即使他是唯一知道內情的人。

在一九八〇年代早期的訪談，佛瑞德聲稱，唐納的成就遠超過自己。他說：「我完全放手讓唐納去幹。他有了不起的遠見，幾乎點石成金。唐納是我所知最聰明的人。」這裡面沒一句真話，而且佛瑞德鐵定在十年前就知道了。

賽馬樂園一案之後，佛瑞德失去許多土地。若要擴展王國，他會需要新的賽場和一名代理人。他需要唐納出面，打造品牌。佛瑞德沒多久就發現，揮霍無度的次子並不適合經營不光鮮亮麗、預算有限、一板一眼的租賃業務。但有了他的支持，唐納的傲慢自大、厚顏無恥，也許可以打進曼哈頓。佛瑞德絕非一無所知；他深度參與唐納早期進軍曼哈頓市場的所有布局，待在幕後搞定一切，由唐納在台前吆喝聚眾。唐納扮演的角色能讓佛瑞德滿足獲得認可的願望，同時，他也能交由兒子去取得他朝思暮想的曼哈頓開發商頭銜。佛瑞德永遠無法獲得公開的認可，但沒了他，唐納沒有機會揚名立萬、推銷自己，對佛瑞德來說這就夠了。功成名就全因佛瑞德和他的巨大財富。任何有關唐納的故事，其實也就是佛瑞德的故事。佛瑞德也深知，祕密若被拆穿，計策就失效了。回顧過往，佛瑞德是操偶師，但不能被看見在兒子背後扯線。佛瑞德不是不清楚唐納不是稱職的生意人，但他知道唐納在某些領域很有天分。佛瑞德肯砸數百萬美元在兒子身上冒險，正是因為他相信唐納的特點——自我推銷的高手、厚顏無恥的騙子、打造品牌的能人——可以用來達成他一直做不到的事：符合他的自尊和野心、光是有錢買不到的那種名氣。

一九八〇年代末期，事況轉差，但佛瑞德再不能和兒子的蠢行切割開來；做父親的別無選擇，只能繼續投資。他已釋放內心的惡魔。他唯一能做的是減輕傷害，維持現金流動，找別人背黑鍋。

接下來的兩年，父親更加沉默寡言，也更陰鬱，人瘦到不行。桑尼賽德大樓的公寓一片灰——因為座向朝西北、成天煙霧瀰漫，也因為他的心情糟糕透頂。他早上甚至可能爬不起來，更別提照看我們一天。有時是宿醉，有時是憂鬱症惡化。如果沒有事先安排活動，父親經常找藉口不陪我們，說他必須去工作或者為奶奶處理雜務。

有一次，父親說，他有一份管理報童的工作。我曾短暫負責一條送報路線，據我所知，這意味著他是那個從後車廂搬出報紙分發給報童的人，他們收完錢再交給他。他曾告訴我，他一天能賺一百美元，我聽起來像筆巨款。

一天晚上，我們在公寓與父親的女友喬安娜（Johanna）共進晚餐。我希望她不在場，她的舉止令人討厭。

她不與我和佛瑞茲交流——甚至不去嘗試。聽她說「佛瑞迪，幫我點捲『飛哥』（fag）」實在很糟，她又不是英國人，幹嘛那樣稱呼香菸，但後來連父親也跟著那樣講話。

吃完飯，我開始講述那天下午我和母親在銀行發生的事。她排在長長的隊伍裡時，我在一個櫃檯用不同的化名填提款單，寫下我打算用以進行各式計畫的誇張金額。我幾乎掩飾不住自己覺得這整件事有多搞笑。但當我告訴他們我的祕密身分，想偷偷領現，以及揮霍計畫時，父親眼底出現擔心的神色。

他問：「托斯堤先生知道這件事嗎？」

如果我留神，可能知道該住嘴了，但我以為他在開玩笑，所以繼續講我的故事。

父親越來越不安，身體前傾，伸手指著我。「妳做了什麼？」雖然他的情緒常有起伏，但很少這麼生氣，我也幾乎沒聽他提高過嗓門。我很困惑，嘗試回憶我的故事是什麼地方出了差錯，但是沒有意義，我的解釋只是讓他更激動。

「如果托斯提先生發現這件事，妳祖父會找我麻煩。」

喬安娜將她的手放在父親手臂上，像是要轉移他的注意力。她說：「佛瑞迪，這沒什麼。」

「什麼叫沒什麼？這該死的嚴重透頂。」

他的咒罵讓我心生畏懼。

那一刻，喬安娜和我都知道，沒法安撫他。他喝醉了，陷入昔日舊事。我嘗試解釋，讓他冷靜下來，但他聽不進去。我當時才八歲而已。

一九七五年夏天，唐納開記者會，公布建築師對凱悅酒店（Grand Hyatt）的規畫，像是已經贏得合約，能重建位於四十二街、中央車站旁邊老舊的康莫德酒店（Commodore Hotel）。媒體將他說的話當事實報導。

同一個夏天，剛好在佛瑞茲和我去上夏令營之前，父親跟母親說，他有重要消息宣布。母親邀他過來吃晚餐。父親按門鈴時，我去開門。他穿得一成不變——黑夾克和白襯衫——但衣服燙得很挺，頭髮服貼地向後梳。我沒見過他這麼帥。

母親拌沙拉時，父親在我們的小陽台煎牛排。等備好食物，我們坐在靠陽台邊的桌子，頂著門讓夏日微風吹拂進來。我們喝的是水和冰紅茶。

父親宣布：「夏天結束時，我要搬去佛羅里達州的西棕櫚灘（West Palm Beach）。我在近岸內水道（Intracoastal）找到一間很棒的公寓，後頭還有個碼頭。」他已經選好一艘船，等我們過去，要帶我們去釣魚和滑水。他講話時，似乎快樂又有自信——很放鬆。我們都知道這是正確的決定，感覺到睽違已久的希望。

第八章

脫離速度

我坐在飯廳，前方餐桌擺了一隻鞋，我在想這是什麼意思。我遙望聖誕樹下方剩餘的禮物盒，猜想或許另一隻鞋被分開包裝，但沒有，就只有這隻鞋——一隻四英寸高的金蔥鞋，裡面塞滿硬糖。糖果和鞋子本身均以玻璃紙包裝，這個玩意兒打哪來的？我不禁好奇。那是來店禮或某場午宴送的禮物嗎？

唐納從廚房經食品儲藏室走來，經過我時，他問：「那是什麼？」

「那是你送的禮物。」

「真的啊？」他看了一秒鐘。「伊凡娜！」他朝門廳呼喊。伊凡娜站在靠客廳聖誕樹的另一側。「伊凡娜！」

「怎麼了，唐納？」

「這很棒。」他指著這隻鞋，伊凡娜微笑以對。也許他以為這是真的黃金。

這一切始於一九七七年高檔百貨公司布魯明（Bloomie）的三件裝內褲，零售價十二美元，這是唐納與其新婚妻子伊凡娜送我的第一份聖誕禮物。同一年，他們送佛瑞茲一本皮革日記本。那似乎本來要送給更年長的人，但這本日記本真的不錯，我覺得有點遭到輕視，直到我們發現它已經過期兩年。至少內褲不會過期。

過節時，唐納和伊凡娜停在大宅前的車不是昂貴的跑車，就是私人司機駕駛的豪華轎車，甚至比祖父的車還長。他們像名人般旋風式地走進門廳，伊凡娜身穿皮草和絲綢衣物，搭配張揚的髮型與妝容；唐納則穿三件式的高檔套裝，鞋子閃閃發光。相較之下，其他人的打扮則顯得保守又落伍。

自幼我以為唐納獨自打拚，憑一己之力建立事業，將我的家族姓氏搖身變成品牌；我還覺得我那粗俗又吝嗇的祖父只關心發大財和守住財富。這兩件事都與真相天差地別。《紐約時報》在二〇一八年十月二日刊登一篇文章，揭露我的家族在過去數十年間涉嫌多起詐欺、準法律和非法活動，內容如下文：

佛瑞德・川普與其公司也開始向唐納・川普提供大筆貸款和信用額度，一比之下，川普家族其他人的貸款則相形見絀，而且有時金流源源不絕，公司變得像是唐納・川普自己的印鈔公司。根據紐澤西州賭場監管機構提交的紀錄，以一九七九年為例，他在一月借一百五十萬美元，二月借六萬五千美元，三月借十二萬兩千美元，四月借十五萬美元，五月借十九萬兩千美元，六月借二十二萬六千美元，七月借兩百四十萬美元，八月借四萬美元。

羅伊・柯恩在一九七六年建議唐納和伊凡娜簽署婚前協議，伊凡娜的賠償條款依佛瑞德的資產而定，因為當時唐納父親是他唯一的收入來源。我從我祖母那裡聽說，除了贍養費、子女撫養費和住房費，在伊凡娜的堅持下，這份婚前協議還包含十五萬美元的「備用基金」。我爸媽的離婚協議並非根據祖父的資產而定，但伊凡娜額外獲得十五萬美元的賠償，卻幾乎堪比我母親過去二十一年、每個月六百美元的子女撫養費和贍養費之總額。

在伊凡娜加入前，過節總千篇一律，印象交疊模糊。我五歲的聖誕節跟十一歲的聖誕節幾無區別，那些例行活動從未變過。我們會在下午一時從前門進大宅，帶來數十份禮物，大家互相握手與親臉頰致意，接著到客廳享用鮮蝦雞尾酒盅。就跟前門一樣，我們一年用客廳兩次，我爸來了又走，但我不記得有任何情況讓他待在那裡。

感恩節和聖誕節晚餐一模一樣，雖然有一年聖誕節，奶奶貿然做了烤牛肉而不是烤火雞，大家都喜歡這道菜，但唐納和羅伯特感到不滿；結果整頓晚餐吃下來，奶奶一直低著頭，雙手擺在腿上。正當你覺得可以永遠把這件事拋諸腦後時，某個人說出類似這樣的話：「天哪，媽，我不敢相信妳沒準備火雞。」

伊凡娜成為家族一分子後，她跟著唐納進入餐桌的權力中心，唐納坐在我祖父右側，他是唯一與祖父平起平坐的人。最靠近他們的人（瑪麗安、羅伯特和伊凡娜）負責追捧喝采，唯一任務就是支持唐納，跟隨他主導的對話，並且聽從他的意見，宛若他的重要性無人可比。我想一開始這不過是權宜之計，瑪麗安和羅伯特早就知道，沒必要跟他們父親明顯偏袒的人唱反調。「我從未挑戰過我父親，」瑪麗安說道：「從來沒有。」隨波逐流簡單多了。唐納的幕僚長就是此現象的絕佳示範，約翰・凱利（John Kelly）至少有段時間如此，而米克・

穆瓦尼（Mick Mulvaney）則毫無保留地照本宣科，直到他們因為不夠「忠誠」而遭革職，馬屁精的下場總是如此。無論鑄下多大錯誤，他們一開始會保持沉默，接著無所作為，成為共犯；最後他們才發現自己被推出去，淪為唐納的代罪羔羊。

一段時間後，佛瑞德對待唐納與其他子女的差別顯而易見，令人痛苦。對羅伯特和瑪麗安來說，更簡單的作法就是聽令行事，免得受到更惡劣的對待，這似乎跟現在國會共和黨人每天打的算盤一樣。他們也知道我爸達不到佛瑞德期待的下場。坐在餐桌另一端的其他人顯得多餘；我們的任務就是填滿那些廉價的空位。

我收到金蔥鞋的隔一年，唐納和伊凡娜送我的禮物籃中了大獎：顯然這是轉贈的禮物，毫無用處又彰顯出伊凡娜對玻璃紙的愛好。我拆開禮物籃後，注意到裡面有沙丁魚罐頭、一盒小麥餅、一罐苦艾酒橄欖、一根薩拉米臘腸，鋪滿薄紙的籃子底部有一個圓形凹陷處，那裡原有另一個瓶罐。我的表哥大衛經過時，指著那個凹陷處問：「那是什麼？」

「我不知道，跟這些差不多的東西吧，我猜。」我說，一邊拿起那盒餅乾。

「也許是魚子醬。」他邊說邊大笑。我聳聳肩，不知道魚子醬是什麼。

我提起籃子，走向我在樓梯旁堆放成堆禮物的地方。途中我經過伊凡娜和祖母，我提高籃子說了聲「謝謝，伊凡娜」，然後把提籃放到地上。

「那是妳的嗎？」

一開始我以為伊凡娜說的是禮物籃，但她說的是那本我放在禮物堆上方並翻開的《奧祕》（*Omni*）雜誌。《奧祕》是那年十月出版的科學與科幻小說雜誌，也是我近期的心頭好。我把剛拿到的十二月號帶來大宅，希望在吃鮮蝦盅和晚宴中間有機會把它讀完。

「噢，對呀。」

「鮑勃，那名發行人，他是我朋友。」

「不會吧！我愛這本雜誌。」

「我會介紹給妳認識，妳之後來市區見他。」

雖然比不上見到科幻大師以撒・艾西莫夫（Isaac Asimov）那般震撼，但也相差不遠。「哇，謝謝。」

我把餐盤裝滿後，拿到樓上爸爸的房間，他整天待在房內，不願跟大家待在一起。他坐著聽收音機，我把餐盤交給他，但他不感興趣，把餐盤放到旁邊的小桌。我告訴他有關伊凡娜的慷慨提議。

「等一下，她要把妳介紹給誰？」

我永遠不會忘記那個名字。我和伊凡娜聊完後馬上看雜誌的資訊欄，那邊寫著：發行人鮑伯・古喬內（Bob Guccione）。

「妳要去見那名發行《閣樓》（*Penthouse*）雜誌的人？」就算年僅十三歲，我也知道《閣樓》雜誌是什麼。我們不可能在說同一個人，我爸笑道：「我不覺得那是個好點子。」突然間，我也這麼認為。

我實在沒辦法嘲笑我母親收到的禮物。她與父親離婚幾年後，為何家族還是期待她參加家庭節日仍是個謎，但她還繼續參加則是更大的謎團。顯然，川普家族不希望她在場，更勝於她想出席的意願。他們送媽媽的一些禮物很不錯，但販售這些禮物的店家總是比伊凡娜和羅伯特妻子布萊茵（Blaine）的禮物店家更低階。更糟的情況是，很多禮物明顯是轉贈他人的禮物。某一年媽媽收到伊凡娜送的名牌包，但裡面有一張用過的衛生紙。

我們用過晚餐和拆完禮物後就會散開，有些人會到廚房，有些人則到後院，其餘的人到書房，我則在書房門邊地上盤腿而坐。我隔著一段距離，看著唐納和羅伯特剛好轉到的哥吉拉電影或足球賽。過了一會兒，我注意到媽媽不在附近，我原本不擔心，但她沒出現，我就去找她了。我查看廚房，但只看到祖母和姑姑。我走到後院，看到哥哥和大衛在玩足球。我問佛瑞茲媽媽去哪裡時，他回答：「我不知道。」顯然並不在乎。幾次下來，我根本不用問就知道母親人在哪裡，但頭幾次還是讓我心慌。

媽媽在飯廳，獨自一人坐在桌旁，當時餐具已收拾乾淨，唯一用餐過的證據就是地板零散的紙巾。我站在門邊，希望她會注意到我，希望我的存在能讓她有所反應。我害怕說出任何話，不希望打擾到她。餐廳傳來隱約的餐盤碰撞聲，那邊在聊剩菜跟冰淇淋蛋糕，我則在褪去的午後光線中慢慢走向那張紅木桌。吊燈早已熄滅，但我希望光線更暗一點，這樣我就不用看到媽媽的臉龐，她看起來心力交瘁。

我坐到她旁邊的椅子，小心翼翼不要觸碰到她，我說不出也得不到安慰，除了與她同在。

唐納和伊凡娜送我內褲禮物的八個月前，他們在大理石學院教堂結婚，並在高檔餐廳「二一俱樂部」（21 Club）舉行婚宴。母親、佛瑞茲和我被降級到表親桌，爸爸並未到場。家族告訴我的謊言是爸爸受邀當唐納的伴郎和婚宴司儀，後來由美國藝人喬伊．畢曉普（Joey Bishop）擔任婚禮主持人；但其實家族早就決定要我爸待在佛州，由他照顧姨公維克（Vic），也就是奶奶的姐夫。實情是，純粹是祖父不想看到他參加婚宴，要他別來。

唐納在曼哈頓四處尋找法拍屋時，我幾乎每週「輸掉」數萬美元。週五放學後，我會到朋友家玩我們自有版本的大富翁；房屋和飯店兩倍，錢也兩倍。我們玩的是橫跨整個週末的馬拉松長賽，一場遊戲可能持續三十分鐘到數小時不等，整個遊戲中唯一不變的就是我的表現：每次玩，每次輸。

為了讓我有翻身機會（這是我朋友的某種挑戰），我可以向銀行大量舉債，最後再向對手借錢。我巨債滾滾，在盒蓋內側，滿滿都是我的債務紀錄。

雖然我的表現爛到無可救藥，卻從未改變我的策略；我走到大西洋城哪裡，就買下一棟房地產，並蓋起房子和飯店，就算我沒機會回本也是如此。不管我輸得多慘，我還是三番兩次重複這樣的策略。這是我跟朋友間的大笑話，我身為房地產大亨的孫女和姪女，房地產經營卻爛得可以。原來唐納和我還是有一些共同點。

打我父親過世後，唐納便認為「他們」（指他和我祖父）當初應該「讓」佛瑞迪做他熱愛且擅長的事（駕駛飛機），而不是強迫他做他厭惡又不擅長的事（房地產）。但沒證據顯示我父親欠缺經營川普管理公司的能力，就像沒證據顯示唐納有此能力一樣。

一九七八年某天晚上，爸爸在西棕櫚灘公寓因胃部劇痛而醒來。他撐著身體到車上，再開到急診室，之後他告訴我媽，他到醫院後並未立刻進入，當時他待在車上，考慮他該不該求救。他想，也許讓事情到此為止會更簡單一點，最後迫使他求救的唯一念頭，是他想到我和佛瑞茲。

爸爸病得太嚴重，被轉院到邁阿密一間醫院，醫生診斷他患有心臟病，需要進行手術。佛瑞德叫瑪麗安飛到佛州，幫我爸辦出院並帶他回紐約。那是父親最後一次北上，他在佛州待了三年後，終於要回家了。

紐約醫生發現，爸爸患有二尖瓣缺損，他的心臟擴大，情況危急。他必須進行實驗性手術，用健康的豬心瓣膜取代。

媽媽和我在爸爸動手術前到大宅探望他，伊莉莎白已經在我爸那間童年小臥室，並坐在他旁邊，我們稱那間房為「蜂房」（the Cell）。他躺在窄床上，我親了他的臉頰，但沒坐在他身旁，免得弄痛他。我之前看過爸爸因為肺炎、黃疸、喝醉酒和絕望而不適，但現在的狀況令人震驚。他還沒四十歲，卻像個八十歲老人一樣受盡風霜。他跟我們說手術和豬瓣膜，媽媽說：「佛瑞迪，幸好你不用遵守猶太飲食規定。」大家都哈哈大笑。

復元之路很漫長，爸爸待在大宅養身體。術後一年，他已經比先前好多了，但永遠無法恢復到可以再次獨自生活。一部分的阻礙或許在於財務，他又開始幫祖父工作，但這次是維修人員。不出所料，除了幾次進出康復治療中心戒酒之外，其餘時候他都喝個不停。他有一次跟我說，醫生警告他：「你再繼續喝，酒會害死你。」就算是開心手術仍不足以阻止他。

那年感恩節，是爸爸返回紐約後第一次跟大家一起用餐，他跟我一起坐在餐桌另一端面對奶奶，爸爸蒼白瘦弱如鬼魅。

用餐到一半，奶奶開始透不過氣。「妳還好嗎，媽？」爸爸問道。似乎沒人注意到此情況。奶奶不斷掙扎著，餐桌另一端的人曾抬頭看發生了什麼事，但隨後又低望餐盤繼續用餐。

「來吧，」爸爸一邊說，一邊扶著奶奶的手腕，輕輕幫助她站起來。爸爸帶奶奶到廚房，我們聽到奶奶拖著腳步發出一些痛苦的悶哼聲，爸爸則一邊進行哈姆立克急救法；一九六〇年代末期到一九七〇年代初期，他擔任救護車志工駕駛時學會這招。

他們返回餐桌後，出現零星的掌聲。「做得好，佛瑞迪。」羅伯特說道，好像我爸剛才殺了隻蚊子似的。

就算唐納不在大宅，他的存在卻揮之不去。每次爸爸要去廚房或回房時，就必須經過一場挑戰：早餐室的桌上擺放許多雜誌封面和報紙文章。自從一九七三年的訴訟後，唐納便成為紐約小報的常客，祖父會收集每一篇提到唐納名字的文章。

爸爸搬回大宅時，唐納正在處理凱悅酒店的協議，這不過是祖父於一九七二年在紐澤西州和唐納達成合作協議的複雜版。一開始得以促成凱悅酒店協議，是因為祖父與紐約市市長亞伯・貝姆（Abe Beame）有往來。佛瑞德也大力贊助紐約市長與州長休・凱里（Hugh Carey）的競選活動。凱里的募款人路易絲・森夏恩（Louise Sunshine）為此協議居中牽線。為了達成協議，貝姆提供他維持四十年、每年一千萬美元的減稅優惠。康莫德酒店拆除工程開始後，紐約報紙引述唐納的原話報導，繼續稱此協議由唐納一手完成。

爸爸搬回紐約後，或許是為了敉平我們之間的鴻溝，他告訴我，一九八一年五月希望為我舉辦一場甜蜜十六歲（Sweet Sixteen）生日派對。凱悅酒店已在幾個月前盛大開幕，爸爸說他會問唐納能否使用一間小型舞廳。唐納似乎等不及找機會向家族炫耀他的新建案，便一口答應，甚至還給爸爸優惠價。

幾天後爸爸告訴祖父這項派對計畫，當時我們三人在早餐室，餐桌上滿是剪報。「佛瑞迪，」祖父生氣地說：「唐納很忙，他不需要管這種鳥事。」

言外之意很清楚：唐納很重要，他在做重要的大事；你則不然。

我不知道這種情況怎麼解決，但最後爸爸搞定了。我要有自己的派對了。

我的賓客多半已到達，我和一小群朋友站在一起，這時唐納走進大門。他走向我們這邊，沒打招呼，而是張開雙臂說道：「這是不是很棒？」

我們都同意，確實很棒。我再次感謝他讓我們使用他的飯店，接著將他介紹給每個人。

「所以妳覺得大廳怎麼樣？美妙極了，對吧？」

「美極了。」我回答。我的朋友紛紛點頭。

「沒人可以成功辦到，看看那些窗戶。」

我擔心接下來他可能會說廁所磁磚有多棒，但這時他看到祖父母，他與我握手並親了我的臉頰道：「玩得開心，親愛的。」接著他走向祖父母。爸爸坐在離他們幾桌之外的地方，獨自一人。

我轉身找朋友時，他們盯著我。

「搞什麼鬼？」其中一人問道。

一九八一年夏季，瑪麗安開車載我爸到紐澤西州貝爾米德（Belle Mead）精神醫療保健機構開利診所（Carrier Clinic），大約半小時車程外的貝德明斯特（Bedminster）有一處地產，後來被唐納改建為高爾夫球場。爸爸不甘不願完成三十天療程，療程最後一天，瑪麗安與其第二任丈夫約翰・巴瑞（John Barry）去接他回大宅，這裡可以說是他最糟的去處。隔天瑪麗安去看我爸時，爸爸早已再次開喝。

佛瑞迪失去他的家、家人、工作、大部分的意志力和多數朋友，最後留下來照顧他的只有他的父母，而他們討厭如此。到頭來，佛瑞迪的存在惹惱了他的父親。

佛瑞德對待我爸的態度，成為其他孩子的經驗教訓——一種警告，不過最後，這種控制卻變了調。佛瑞德常在兒子身上展現拷問者的完全權威，但最後卻困於兒子與日漸長的依賴中，而佛瑞迪酗酒、健康每下愈況，同樣脫離不了他的父親。基本上這是佛瑞德自作自受，他想不到也無法預見這種情況。這證明他的權力有其局限。

我八月從夏令營返家後，宣布我想要去讀寄宿學校。我向爸爸解釋原因，我在邱林學院就讀十年，我的姑姑叔叔都在同一間小學校念書，我覺得被校友團團圍繞，相當乏味。我想要更不一樣的挑戰，有校園、有更棒的運動設施和更多機會的地方。爸爸警告我有可能變成大池塘裡的小魚，但我想他明白，雖然我說的理由都是真的，但我更需要的是離開。

問題在於我只剩下三週時間，我得思考要去哪間學校、完成申請並獲得入學通知。一九八一年八月的最後兩週，媽媽和我幾乎參觀了康乃狄克州和麻薩諸塞州每一間寄宿學校。

我在等待結果時，我們必須獲得祖父同意，或至少這是爸爸的說法。我們兩人站在祖父常坐的雙人沙發前，爸爸解釋我們的計畫。「她這麼做是為了什麼？」祖父問道，好像我沒站在他面前似的。「邱林學院很好。」他在那裡讀書長達十三年。

「只是該有點改變了。拜託，爸，這有利於她。」

祖父抱怨額外開銷太多，雖然這筆學費出自爸爸的信託基金，完全不會影響到他，接著祖父又重申邱林學院非常優秀。不過爸爸並未卻步，我不覺得祖父真的在乎我去哪間學校，但我很感激爸爸又一次與我站在同一陣線。

出發去寄宿學校前一天，我從海蘭德公寓騎腳踏車去祖父母家，我沿著車道滑下去，把腳踏車靠在車庫旁的高磚牆，再爬幾個階梯沿著小路到後門。

九月初午後的後院悄然無聲，我躍上兩個階梯來到水泥露台上，按了門鈴。門外沒擺家具，只有空空的平板。小時候只有叔叔羅伯特會用到這片區域，之前那裡有幾張鐵椅，他週末回家時會把椅子拉在一起，再拉一張椅子來靠腳；他塗上厚厚的嬰兒油，然後在下巴處放可摺疊的鋁製助晒板。

幾分鐘後，我準備再按第二聲門鈴時，祖母終於來應門了。她似乎很詫異會看到我，我拉開紗門準備進門，但奶奶卻在門廊站著不動。

「嗨，奶奶，我來看爸爸。」

奶奶站在那裡，雙手磨著圍裙，緊張兮兮，好像我逮到她在做什麼一樣。我提醒她，明天我要去學校了。她個子高，將金髮梳高整齊固定在腦後，看起來比以往更嚴肅。她並未移動讓我進門。

「妳爸不在家，」她說：「我不知道他什麼時候回來。」我感到困惑，我知道爸爸想跟我道別，我們前幾天才談過此事。我猜他忘了我要來找他。去年，他也常忘記我們安排好的計畫，說實話，我不太驚訝，但仍覺得不太對勁。我和祖母所站之處的正上方，爸爸的臥室窗戶敞開，傳出收音機的聲音。

我假裝不在乎，對奶奶聳聳肩說：「那好吧，告訴他晚點打給我吧。」我走向前給她一個擁抱，她的雙臂輕輕環住我。我轉身離開時，我聽到門關上的聲音。我走過小路、下階梯到車道，跨上腳踏車然後騎回家。隔天我前往學校。爸爸一直沒打給我。

我在埃爾沃克中學（Ethel Walker School）全新禮堂看電影，投影機轉暗後電燈就亮了。學生到禮堂原本要看《山那邊》（*The Other Side of the Mountain*），這是描述一名奧林匹克滑雪選手在一場滑雪意外中癱瘓的勵志故事；不過電影卻被安排成《午夜情挑》（*The Other Side of Midnight*），這顯然是不同類型的電影，裡頭有早期強暴的畫面。教職員有點混亂，並討論下一步該怎麼做，我們學生則覺得很好笑。

我和一些室友坐在一起談笑時，我看到體育老師黛安．鄧恩（Diane Dunn）穿越人群。鄧恩在我每年去的帆船營擔任輔導員，所以我自幼就認識她。對沃克中學的其他人而言，她是鄧恩女士，這對我來說難以理解。在營隊中，她叫鄧恩，而我叫川普，我們也一直這樣稱呼彼此。她是我決定要來寄宿學校的一大原因，我到那裡才兩週，她依舊是我真正唯一認識的人。

我向她招手並微笑道：「嘿，鄧恩。」

「川普，妳得打電話回家。」她說。她握著一張紙條，但沒將那張紙遞給我，她看起很慌張。

「怎麼了？」

「妳得打給妳母親。」

「現在嗎？」

「對。如果她不在家，就打給妳祖父母。」她像背誦台詞一樣對我說話。

當時已接近晚上十點，我從沒那麼晚打給祖父母過，但是爸爸和祖母經常跑醫院；爸爸因為長年大量飲酒和抽菸，奶奶則是因為骨質疏鬆症而經常骨折。我不是真的很擔心，或者我想這次應該不會比往常更嚴重。

我的宿舍與禮堂相鄰，所以我走到外頭，經過兩棟建築間的橢圓形草皮，爬上兩層樓到我住的樓層。公用電話掛在門旁樓梯平台的牆上，我撥了一通受話人付費電話給媽媽，但無人接聽，所以我撥給大宅。奶奶接起電話並接受電話費，所以緊急對象不是她。她迅速說聲不太清楚的「哈囉」後，將電話遞給祖父。

「喂。」他說，跟往常一樣簡潔、公事公辦。有一瞬間容易讓人覺得一定搞錯了，什麼事都沒發生。但一定有什麼緊急大事，逼得我從禮堂離開，我看到鄧恩在禮堂找我時，眼神充滿驚慌。我到很後來才知道鄧恩已經知道的事。

「發生什麼事了？」我問。

「妳母親剛離開，」祖父說：「她應該等一下就到家了。」我可以想像祖父在燈光昏暗的書房靠著電話桌，身穿漿過的白襯衫、紅領帶和海軍藍三件式套裝，滿臉不耐地和我講話。

「但發生了什麼事？」

「妳爸被送到醫院，但沒什麼好擔心的。」他像在播報天氣一樣說道。

我本可在那時就掛斷電話，我本可回去試圖在新學校融入新環境。

「是他的心臟嗎？」以任何方式挑戰祖父，對我來說簡直前所未聞，對任何人都是，除了唐納，不過有人叫我打電話顯然出於某個原因。

「沒錯。」

「那就是很嚴重了。」

「沒錯，我會說很嚴重。」對話一度停下，或許，他在決定是否要告訴我真相。「去睡覺，」他最後這麼說：「白天打電話給妳母親。」他掛斷電話。

我站在樓梯間，手持著電話，不太知道該怎麼辦。樓上的門突然甩上，接著傳來越來越響的腳步聲，幾名學生經過我往一樓走去。我把話筒掛回話架，重新拿起，然後試著重打給媽媽。

這回她接起電話了。

「媽，我剛和祖父講完話，他說爸在醫院，但不跟我說發生什麼事，爸還好嗎？」

「他心臟病發。」媽媽說道。

從她說話的那刻起，時間就變了質。或許是下一個瞬間，我不太記得，但震驚的衝擊可回溯至此刻。不管怎麼樣，媽媽繼續說，但我聽不進去她說的任何話。就我所知，對話中間毫無停頓，但部分內容卻從未留下。

「他心臟病發？」我說，說著最後幾個我聽到的字，好像我沒錯過重點一樣。

「噢，瑪莉，他死了。」我母親開始哭。「我真的曾經愛過他。」她說。我母親繼續說著，我靠牆滑下，直到我坐在地板。我放下電話，讓話筒吊掛著線，然後等待。

一九八一年九月二十六日週六下午的某個時候，祖父母其中一人叫了救護車。我當時不曉得，但爸爸已經重病三週了，那是第一次有人打電話請求醫療協助。

祖母經常出入牙買加醫院以及布斯紀念醫院與醫療中心，我爸也在牙買加醫院住過幾次院。祖父母的所有孩子都在那裡出世，所以我的家族與牙買加醫院的院方和職員有長久關係。特別是牙買加醫院，祖父母曾捐款數百萬美元，一九七五年川普護理與復健大樓（Trump Pavilion for Nursing and Rehabilitation）則以祖母之名來命名。至於布斯紀念醫院，祖母曾在那裡熱心擔任救世軍志工，我因為嚴重氣喘而在此度過大半童年。一通電話就能確保他們的兒子在任一間醫院獲得最好的治療，但沒人打過半通電話。救護車送爸爸到牙買加的皇后醫院中心（Queens Hospital Center）時，沒人陪同。

救護車離開後，祖父母打給其他四個孩子，但只有唐納和伊莉莎白能到場。他們抵達時已經接近傍晚，醫院傳來的消息明確指出，爸爸已經危在旦夕。還是沒人去醫院。

唐納打給我媽讓她知道情況，但電話一直忙線。他聯繫我們的教育總監，告訴對方聯繫我母親。

我媽立刻打電話到大宅。

「醫生認為佛瑞迪可能熬不過，琳達。」唐納告訴她。媽媽甚至不曉得爸爸生病。

「我去大宅，如果有任何消息我就能在那，這樣好嗎？」她不希望獨自一人。

媽媽沒過一會兒便抵達，祖父母單獨坐在書房；唐納和伊莉莎白則去看電影。

媽媽與祖父母一起坐下，沒人說太多話。幾個小時過後，唐納和伊莉莎白回來了。他們得知沒有消息後，唐納離開，年近四十歲的伊莉莎白泡了一杯茶，便上樓回房。媽媽準備離開時，電話響了，是醫院打來的。爸爸在晚間九點二十分被宣告死亡，當時他四十二歲。

沒人想過要去學校接我，但有人安排我搭隔天早上的公車。鄧恩開車載我到哈特福（Hartford）的灰狗巴士車站，我在那搭乘開往曼哈頓航港局（Port Authority）公車總站的車。媽媽和哥哥到曼哈頓接我，之後返回大宅，其他家人已聚在早餐室討論喪禮事宜。瑪麗安和她的兒子、我的表哥大衛也在場；我的叔叔羅伯特與布萊茵；唐納與伊凡娜，當時她已懷了伊凡卡近八個月，還有他們的三歲兒子唐尼。沒人同我母親、哥哥和我說太多話。有些人試圖強迫自己表達關心，多半是羅伯特，但他們詞不達意，很快就放棄了。祖父和瑪麗安低聲談話，祖母煩惱追悼會要穿什麼；祖父為她挑了黑長褲套裝，但她不滿意。

當天下午，我們開車到斯圖茲曼父子殯儀館（R. Stutzmann & Son Funeral Home）進行私人瞻仰，那裡是皇后村（Queens Village）一個小地方，距離大宅約十分鐘。我們進到已安置好棺材的主廳前，我問羅伯特叔叔能否與他討論一件事，我把他拉到大廳旁遠離訪廳的小凹室，「我想看爸爸的遺體。」我沒道理要扭扭捏捏，沒什麼時間了。

「不行，瑪莉，這不可能。」

「羅伯特，這很重要。」這不是基於宗教因素，或因為我認為這是必要流程；我先前從未參加過喪禮，完全不懂流程。雖然我知道我必須見爸爸一面，但我無法解釋原因。我怎麼能說：「我不敢相信他死了，我沒理由要相信，我甚至不知道他生病了。」我只能說：「我必須見他。」

羅伯特停頓一下，好不容易開口：「不行，親愛的，妳爸爸準備要火化了，他的遺體沒準備供人瞻仰。如果這是妳對他的最後記憶，會很可怕。」

「沒關係。」我感到一種無法理解的絕望。羅伯特低頭看著我，然後轉身離開。我站在他面前說：「拜託，羅伯特。」

他再度停下來，然後開始走向大廳。「來吧。」他說：「我們應該進去了。」

週一開放追悼會的兩個時段間，全家返回大宅用餐。唐納和伊凡娜在路上繞去超市，買大量的分裝冷切肉，瑪麗安和伊莉莎白則擺盤放在餐桌上，大家選擇用餐或者忽略這相對的靜默。

我沒胃口也沒加入談話，所以我離開早餐室在大宅四處逛，就像小時候一樣。我走到書房門廊對面的後樓梯，瞥到唐納手持電話。我不知道他剛講完電話，還是準備打電話，但他注意到我站在走廊後，他把話筒放回電話上。我們都沒說話。母親節後我就沒見過唐納了，當時我們到祖父在長島的鄉村俱樂部北山（North Hills）慶祝。除了奶奶，我不期待任何人會落淚，但唐納，以及尤其是祖父，似乎對我爸的離世處之泰然。「嘿，唐納。」

「怎麼了，親愛的？」我有時會好奇我叔叔是否真的知道我的名字。

「爸爸準備火化了，對吧？」多年來我明白，這就是爸爸期盼之事。他強烈希望不要下葬，這甚至是他婚後最先告訴媽媽的幾件事。他的堅持幾近於一種著迷，因此我不到十歲就知道此事。

「沒錯。」

「然後呢？他該不會要下葬了吧，是嗎？」

唐納臉上閃過不耐的表情，顯然他不想要進行這場對話。「我想沒錯。」

「你知道這沒道理，對吧？」

「那是爸希望的。」他拿起電話。他注意到我沒移動，便聳了聳肩繼續撥號。

我轉身走上後方階梯。二樓長廊的一端是伊莉莎白的邊間房間，瑪麗安的房間位於兩人共用浴室的旁邊；另一端是唐納與羅伯特共用的房間，床罩為藍金色，與窗簾相配。更大的祖父母主臥室就在他們的房間旁，內有奶奶獨立的試衣間與鏡牆。走廊中間就是蜂房，爸爸的窄床已經拆掉床罩，露出薄薄的床墊。他的收音機仍放在小床頭桌上。衣櫃門半敞，我看到幾件有領扣的白襯衫歪七扭八地掛在金屬衣架上。就算在如此豔陽日，唯一一扇窗僅微透亮光，房間在陰暗中顯得簡樸。我覺得我該進去，但裡頭已無可眷戀。我往回走下樓。

追悼會恰好落在猶太新年第一夜，但爸爸的許多兄弟會同胞仍舊前來。他的朋友斯圖（Stu）常偕妻子茱蒂（Judy）參加牙買加醫院的晚宴派對和慈善活動，除了比利．德雷克，斯圖或許是爸爸的朋友中最了解我家族的人。斯圖看到祖父獨自站在房間後方，便走過去致意。兩人握手，斯圖表達哀悼後表示：「看來房地產不太順利，我希望唐納沒事。我常在新聞上看到他，他似乎欠銀行很多錢。」

佛瑞德用手環繞住斯圖的頭，笑著說：「別擔心唐納，他很好。」唐納並不在場。

我哥發表唯一一場悼詞（或至少我只記得他的悼詞），這可能是他從奧蘭多（Orlando）搭機途中在活頁紙上寫下的內容，當時他是羅倫斯大學（Rollins College）的大二生。他回憶他與爸爸共度的美好時光，多半時候我都太小記不得，但他不畏去談論爸爸生命中的根本現況。他一度提到爸爸不願墨守家族規定，現場清楚可聞不少賓客倒抽一口氣。過了那麼久，我仍興奮地感到認同，並有種為爸爸一吐為快的感覺——終於啊。哥哥永遠比我更擅長與家族談判，他勇於說出真相。我欣賞他的坦蕩，也羨慕他似乎比我有更多關於爸爸的美好記憶。

追悼會邁入尾聲時，我看大家開始排隊走向棺材，停下後閉目，雙手合十——有時跪在一張低矮的墊椅上，那張椅子似乎是蓄意擺放在那裡——然後繼續移動腳步。

輪到姑姑伊莉莎白時，她開始無法控制地啜泣。在所有人都克制心情、表現冷淡之際，她展現的情緒顯得突兀，其他人沉默警覺地望著她，但沒人走向前。她雙手放在棺木上，隨後滑落到膝上。她的身體劇烈發抖，以至於失去平衡向旁跌坐在地。我看著她跌倒。她躺在那裡好像不知身在何處，或不知她在做什麼，只是不斷痛哭。唐納和羅伯特終於從房間後方走過去，他們本來在後方與祖父談話，而祖父則在原地不動。

兩位叔叔將伊莉莎白從地上扶起，她一瘸一拐地被他們拉出房間。

最後我終於走向棺材，短暫停留一會兒。棺材看起來小得不可思議，我想一定是哪裡搞錯了。爸爸六呎二吋高（約一百八十八公分），不可能塞進這口棺木中。我無視那張椅子，堅持站著。我低下頭，把注意力全放在棺材上的一處黃銅裝飾，無話可說。

「嗨，爸。」最後我終於低喃說道。我低頭站在那裡絞盡腦汁，直到我突然發現我可能站錯邊，我本來要跟爸爸說的話竟是對著他的腳說出。我覺得窘迫，便退了一步轉身去找朋友。

喪禮沒有教堂儀式，棺材被送往火葬場，我們在旁邊的教堂小聚——教堂灑滿陽光，異常明亮——那裡有一名教派不明的牧師，他既不認識爸爸，而且家族也沒人關心，未向牧師談論這名即將被交付至火焰中的男人。

待喪禮事宜完成後，全家打算開車到中村（Middle Village）全信仰公墓

（All Faiths Cemetery），家族在那有塊地；當時我的曾祖父母佛瑞德里克和伊莉莎白・川普是唯二居民。我後來得知，媽媽、哥哥和我在過去兩天，都分別拜託了不同的家族成員，以允許讓爸爸的骨灰可以撒在大西洋海上。

我們離開教堂前，我追上祖父並做最後懇求。「爺爺，」我說：「我們不能埋葬爸爸的骨灰。」

「容不得妳來決定。」

他開始邁步離開，但我抓住他的袖子，明白這是我最後的機會。「難道不是嗎？」我問：「他想要火化是因為他不想下葬，拜託，讓我們把他的骨灰帶到蒙托克。」

我一吐出這幾個字，就明白我犯了大錯，祖父也明白。蒙托克使他聯想到爸爸輕佻的嗜好，像是划船和釣魚，那些活動使他未能專注於房地產的正經生意。

「蒙托克。」他重述並幾乎笑起來：「想都別想，上車。」

陽光照耀著大理石和花崗岩的墓碑刻字，祖父粗眉下的淡藍眼睛也在日光下瞇起，他說本已刻印他父母名字的墓碑將暫時移除，這樣才能加上我爸爸的名字與逝世日期。他一邊說，一邊像個二手車商張開雙手，近乎愉快地蹬地跳著，他知道法律見證人是個鄉巴佬。

祖父遵照法律的字面意義，然後照自己的想法行事，爸爸火化後，他們將他的骨灰放入金屬盒，然後埋入地底。

爸爸的死亡證明書寫下一九八一年九月二十九日，並說明為自然死因。我不知道四十二歲怎麼出現自然死因。爸爸沒留下遺囑，如果他有任何東西可留下——書、相片、他老舊的七十八轉唱片、他的美國空軍預備軍官訓練團（ROTC）和國民兵（National Guard）獎牌——我不曉得。我哥拿到爸爸的天美時（Timex）手錶，我沒拿到任何東西。

我年歲漸長，大宅似乎越發冷淡。父親逝世後的第一個感恩節，大宅依舊冷漠。

晚餐後，羅伯特走過來將手放在我肩上，他指向我剛出生的堂妹伊凡卡，她在嬰兒床睡覺。「看，就是這樣運作的。」我明白他想說的意思，但我覺得他的話已經到嘴邊——「舊的不去，新的不來」。至少他試過了。佛瑞德和唐納並沒有表現得有任何不同，他們的兒子與哥哥過世，但他們討論紐約政治、協議和醜女人，一如往常。

佛瑞茲和我回家過聖誕節假期時，我們見了祖父的其中一名律師爾文・德班，想仔細了解爸爸的房產細節，此前媽媽的主要聯繫人麥修・托斯堤已過世。我很訝異爸爸竟有一間房產，我以為他過世時身無分文。但顯然有祖父和曾祖母設置的信託基金，像是支付我寄宿學費的那種信託基金，所以我之前並不知情。房產將由我和哥哥對分，我們三十歲前將由信託託管。這些信託基金的指定管理人兼我們兄妹的長期財務利益保護人，分別是爾文・德班、瑪麗安姑姑，以及唐納和羅伯特叔叔。雖然爾文是關鍵人物——如果我們有問題、麻煩或任何意外的財務需求，必須致電或與他會晤——但唐納才是最終裁決、批准與簽署所有支票的人。

爾文的桌上堆滿文件，他坐在那疊文件後方，開始解釋我們到底要簽署什麼文件。在我們進一步談話前，佛瑞茲打斷他並說：「瑪莉和我先前談過，首先我們必須確保媽媽會得到照顧。」

「當然。」爾文說。然後接下來兩個小時，他有條不紊地逐頁講解，我還是不清楚爸爸遺產的確切金額。信託是複雜的財務管理（至少對十六歲的人來說），似乎還有沉重的稅務負擔。爾文解釋完每一份文件的重要性後，他把文件從桌上推過來讓我們簽名。

他說完後，問我們有沒有任何問題。

「沒有。」佛瑞茲說。

我搖搖頭，不懂剛才爾文說的內容。

第三部

煙霧與鏡花

第九章
紓困的藝術

「瑪麗・川普遭搶劫」，紐約小報在一九九一年萬聖節過後隔天，用跟往常一樣的一百級字體大肆宣揚。雖然我早已知道事情經過，但我去地鐵站，行經書報攤時，看到標題還是覺得刺眼。

然而，祖母不只遭搶劫。奶奶在食品雜貨店停車場，將購物袋卸放到她的勞斯萊斯時，那名孩子趁機搶走奶奶錢包，還把她的頭推去撞車，力道之大使她腦出血，失去部分視力和聽力。她跌倒在地時，骨盆多處碎裂、肋骨骨折，如果她沒有嚴重的骨質疏鬆症，受傷情勢絕不會那麼危急。她被送到布斯紀念醫院時，病況危殆，我們不確定她能否撐過去。

直到她從加護病房被送進私人病房，她的病情才明顯好轉，又過了幾週，疼痛才減緩至得以忍受。她的胃口開始恢復後，她想吃什麼，我就帶什麼來給她。有一天她喝著我途中買來的牛奶糖口味奶昔時，唐納前來探病。

他向我們打招呼，並迅速親了奶奶。「媽，妳看起來不錯。」

「她現在狀況好多了。」我說。他在床邊椅子坐下，把一腳放在床緣上。

「瑪莉每天來看我。」奶奶笑著對我說。

他看向我。「有那麼多空閒時間肯定很棒。」

我望向奶奶，她翻了個白眼，我差點沒笑出來。

「你好嗎，甜心？」奶奶問唐納。

「別問了。」他似乎很惱怒。

奶奶問了他的孩子，他跟伊凡娜有沒有新消息。他沒太多話可說；他顯然覺得很無聊，大約十分鐘後就離開了。奶奶望向門，確定他離去後，說道：「有人怪里怪氣的。」

這回我笑出來。「平心而論，他現在很難熬。」我說。過去十二個月，他最愛的大西洋賭場泰姬瑪哈（Taj Mahal）開幕剛滿一年便宣布破產；他的婚姻愁雲慘霧，一部分歸因於他與瑪拉．梅普爾斯（Marla Mples）的婚外情；多家銀行定量供款給他；而且他第二本書的平裝版《在頂端生存》（*Surviving at the Top*）出版時，書名被印成《生存的藝術》（*The Art of Survival*）。雖然全是他咎由自取，但他表現得像被占便宜，從未低聲下氣或感到羞愧。

「可憐的唐納。」奶奶嘲笑道。她看起來似乎頭暈目眩，我想醫護人員可能需要減少止痛藥的劑量。「他老是這副德性。我不該這麼說，但他去念軍事學院時，我如釋重負。他不聽任何人的話，尤其是我，他還折磨羅伯特。還有，噢，瑪莉！他就像隻懶蟲。在校他拿到整潔獎牌，然後回到家，他仍然是一隻懶蟲！」

「妳怎麼做？」

「我能怎麼做？他從不聽我的話，妳祖父也不在意。」她搖了搖頭。「唐納被縱容得無法無天。」

這話嚇了我一跳，我一直以為祖父監督甚嚴。「這聽起來不像他。」

同時間，祖父在曼哈頓特別外科醫院（Hospital for Special Surgery）進行髖關節置換術。我印象中他只進過醫院一次，他在一九八九年將脖子近右耳處的腫瘤移除。我不知道他動髖關節手術的時機是否為巧合，還是在奶奶住院後才安排，這樣奶奶康復後就不用照料他。祖父的心理狀態每下愈況，他住院時肯定更加惡化。護士好幾次在深夜發現，他只穿平口褲就想離開，他告訴護士，他想要找川普太太。奶奶似乎很開心沒被找到。

唐納認為，一九八〇年凱悅酒店大獲成功是在為川普大樓鋪路，後者於一九八三年大張旗鼓地開幕。據報他對建蓋大樓的非法勞工待遇惡劣，以及涉嫌參與黑手黨，該建案因此充滿爭議。邦威特泰勒百貨公司（Bonwit Teller）大樓正面美麗的石灰岩浮雕裝飾藝術遭到拆毀，以建蓋川普大樓，此事犯眾怒的程度直達巔峰。唐納原本承諾，那些具重要歷史意義的文物將轉交給大都會藝術博物館（Metropolitan Museum of Art）。但他一知道移除浮雕裝飾會增加成本，甚至拖慢工程，便下令將其拆毀。當他遭批背信沒品時，他聳肩宣布，這些浮雕「沒有藝術價值」，好像他的判斷比得上專家的全面評估。過了一段時間，這種「他最懂」的態度變得更堅定：隨著他的知識庫不斷縮減（尤其是治理方面），他更用力宣稱他無所不知，與他自身的不安全感成正比，最後造就了當今局面。

唐納能相對順利取得和發展前兩項案子，真正的主因在於，佛瑞德身為開發商與談判大師的長才。若無佛瑞德的斡旋、影響力、授權、財力、知識，和或許最重要的——是他對唐納的支持，這兩項案子恐難成功。

在此之前，唐納完全仰賴佛瑞德的財力與影響力，不過他從未坦承，並且公開將成功歸於自身的財富與腦袋。媒體樂得附和，不會過問，銀行也如法炮製，這時唐納開始邁向紐澤西州追尋賭場大亨夢，該州於一九七七年允許大西洋城的博彩業合法化，試圖挽救搖搖欲墜的海濱度假小城。如果祖父的意見對唐納有任何影響力，他絕不會在大西洋城投資。在佛瑞德看來，曼哈頓值得這等風險，但在大西洋城他無法發揮其政治影響力或產業經驗，只能提供資金與忠告。當時佛瑞德對唐納的影響力逐漸式微，唐納在一九八二年申請到博彩執照。

瑪麗安在紐澤西州擔任地方助理檢察官直到一九七〇年代中期，唐納在尋覓投資機會時，她問唐納要不要找羅伊．柯恩幫忙。柯恩在前雷根政府有足夠的影響力，他可以取得一種實驗性抗愛滋病藥物齊多夫定（AZT），並左右司法人事任命。紐澤西州聯邦地區法院輕鬆開出一個職缺，瑪麗安認為這是個好缺，唐納則覺得有名近親在他打算大量投資的州境當法官，可能用處多多。柯恩給檢察總長埃德・梅斯（Ed Meese）打了通電話，之後瑪麗安九月獲提名，十月便確定職位。

另一個跡象顯示佛瑞德的影響力衰退，是唐納在一九八五年用三億美元盲目買下一棟飯店賭場，成為後來的川普城堡（Trump’s Castle），此前一年他買下哈拉飯店（Harrah’s），後來成為川普廣場（Trump Plaza）。對唐納而言，好東西多多益善；他認為，大西洋城有無限潛力，因此兩間賭場勝過一間。當時，唐納的投資已經負債數十億美元（到了一九九〇年，他的個人償付債務款項已膨脹至九億七千五百萬美元）。即便如此，他在同一年以八百萬美元買下海湖莊園（Mar-a-Lago）；一九八八年，耗資兩千九百萬美元買遊艇；一九八九年，再花三億六千五百萬美元收購東方航空快線（Eastern Air Lines Shuttle）。一九九〇年，他必須發放近七億美元的垃圾債券，含百分之十四的利息，才能湊得興建第三間泰姬瑪哈賭場的資金。這些買賣數字、收購案標價和大膽交易，似乎讓每個人和銀行忽視他迅速累積的債務，與令人存疑的商業眼光。

回顧當時，唐納最愛的配色是紅、黑、金，因此大西洋城的低俗浮華對他充滿吸引力，魅力幾近於那些呼之即來的金錢。畢竟莊家總是贏，明智作法是付得起買賣成本，才能好好做生意。大西洋城完全在佛瑞德的能力範圍之外，唐納也深受這點吸引。他得以撇開佛瑞德等人的大量金融投資，經營賭場是可以持續進行的業務，不像凱悅酒店和川普大樓，這類開發案最後將由其他實體單位管理。確切來說，這本是唐納獨立於父親、獲得成功的首次機會。

擁有自己的賭場讓唐納擁有一張過大的帆布，他可以依個人規格剪裁這個世界。如果一間賭場很好，兩間會更好，三間則是好上加好。當然，他這幾間賭場會彼此競爭，最後獲利遭同類相食。荒謬的是，他的欲求不滿有其邏輯，畢竟這種邏輯在他父親身上也奏效。不過唐納不懂也拒絕學習，從商業模式與市場，到消費者群與計算方法，持有和經營賭場跟持有與經營布魯克林的出租物業有天壤之別。因為他看不到閃亮亮的區別，所以輕信大西洋城賭場越多越好，就像祖父經營紐約外區的事業一樣。如果一間賭場是金牛，三間賭場便是一群金牛。他將佛瑞德對公寓大廈的操作拿來套用在賭場上。

這種情況唯一無法解釋的地方，就是前兩間賭場的銀行和投資人為何不夠積極阻止第三間賭場的成立，讓最後的狀況大幅超出他們的底線。他能找到有興趣的投資人，那就更沒道理了；隨便看一眼數字——哪怕只看貸款——就算是最草率的貸款人也該嚇得逃之夭夭。在一九八〇年代末期，沒人對唐納說不，使得另一項錯誤計畫獲得批准，附帶福利就是這個無法成功的人，其自大得以獲得吹捧。

《在頂端生存》於當年八月出版，幾週後逐漸發現，這本書的主題與時機糟到可當成諷刺惡搞文。

一九九〇年六月，唐納逾期未付川普城堡的款項達四千三百萬美元。六個月後，祖父派他的長座車駕駛，載運逾三百萬美元現金購買川普城堡的籌碼。換句話說，他買了籌碼，但沒打算賭博；他的駕駛只把籌碼放進公事包就離開賭場。就算這樣還不夠。隔天，祖父又額外電匯十五萬美元到川普城堡，大概是要買更多籌碼。雖然這些策略暫時奏效，卻也害祖父違反博彩委員會禁止未授權資金來源借貸給賭場的規定，並面臨三萬美元的罰款。如果他想要繼續借錢給唐納維持賭場（他確實如此），他也必須取得紐澤西州的博彩證照，但一切為時已晚。唐納可能控制大西洋城百分之三十的市占率，但泰姬使另外兩間賭場無法獲利（泰姬開幕那年，廣場和城堡一共損失五千八百萬美元），三間賭場年負債九千四百萬美元，光是泰姬一天就要入帳逾一百萬美元才能打平。

銀行撒出去的錢如流水。泰姬開幕時，唐納與其貸款人開會，想辦法嚴加控管他的支出。更多違約與破產的陰影籠罩，他們必須找到解決辦法來維護唐納的形象，這樣才能保住銀行的錢。

他若無（往日）成功自信的表象，銀行家擔心，那些已深陷麻煩的賭場恐將進一步貶值。他的姓氏就是魅力：少了那個姓氏，就不會有新賭客、租戶或願意買債券的人，因此也不會有新營收。

除了借錢掩護唐納企業的經營支出，銀行在一九九〇年五月與他達成協議，每個月給他四十五萬美元的津貼；也就是說，他生意慘敗，一年最多還可收到五百五十萬美元。這筆錢只是個人開銷：川普大樓三層公寓、私人噴射機、海湖莊園抵押貸款。為了兜售他的個人形象，唐納必須繼續維持令人信服的生活方式。

為了讓銀行可以掌握唐納的動向，他每週五必須與貸方見面，回報個人開銷與他出售遊艇等資產的進度。無從否認，一九九〇年五月的情況相當嚴峻。唐納經常向羅伯特抱怨，銀行在「追殺」他，實情則是他受制於銀行，而他從未如此受制於其父親：他之前從未被控制過，更不用說要如此頻繁地會面，這令他惱怒。他有法律義務要償還銀行，若未償還將面對後果——至少應該會有後果。

雖然有這些限制，唐納仍繼續支出不屬於他的現金，包括給瑪拉的二十五萬美元訂婚戒，和支付伊凡娜一千萬美元作為部分離婚協議的條款。我認為他從沒想到，他不能不顧後果恣意花錢。銀行告誡他違反協議，但他們從未採取任何行動，這只會讓他更加相信，他可以一如既往為所欲為。

在這種情況下，你沒辦法真的怪罪唐納。在大西洋城，他如脫韁野馬，無須經過他爸爸的授權或允許，他不用再說服父親；同時銀行供應數億美元給他，媒體高度關注並無根據地讚賞他，更加助長並證實他對自己的誇大評價。銀行與媒體使他無視眼前十萬火急的情況。祖父對唐納有種迷思，整體而言，現在世界也加強這種迷思。無論是誰宣揚該迷思，到頭來它仍舊是迷思。唐納基本上仍由佛瑞德一手培養，現在唐納屬於銀行和媒體，他受其影響並仰賴他們，就像他昔日之於佛瑞德。他有一種表面魅力甚至是領導力，可以吸引到某些人。一旦他的魅力失效，他便施展另一種「商業策略」：大發雷霆並威脅宣告破產，或者毀掉任何讓他不好過的人。不管哪種方式，他都是贏家。

唐納能成功，因為他本身就是成功。但這個前提忽略一項重要的現況：他之前沒達到也達不到他備受稱讚的那些事蹟。就算這樣，他的自負已然出柙，並受到家人和周圍的人不斷餵養。

紐約菁英永遠不會真正接受他，只認為他是皇后區的小丑，但他們認可他狂妄與誇大的形象，邀請他參加派對，並同意他到菁英常聚集的地方，例如「俱樂部」。紐約人越想看大排場，媒體便越樂意報導，即便要犧牲更重要的實質內容。何苦要報導複雜又難懂的銀行交易，讓讀者感到無趣呢？這些插曲與巧妙手法不僅幫上唐納大忙，也給了他想要的東西：那些諂媚的媒體關注的是，他的離婚消息與高超床技傳聞等腥羶色內容。如果媒體能否認真相，他也可以。

靠著部分奇蹟，我從寄宿學校畢業後，進入塔夫茨大學，雖然大一下學期休學，但最終在一九八九年畢業。一年後，在祖父小額買下三百一十五萬美元的賭場籌碼後，我進入哥倫比亞大學就讀英語與比較文學研究所學程（graduate program）。

開學兩個月後，我的公寓遭闖空門。我所有的電子用品都被偷走了，包括上課必要的打字機。我打電話給爾文，問他能否預先提領生活津貼，但遭他拒絕；他告訴我，祖父認為我該找個工作。

下一次我回大宅探望祖母時，我向她解釋情況，她打算寫張支票給我。「沒關係的，奶奶，我只要等幾週就好。」

「瑪莉，」她說：「永遠別拒絕金錢的禮物。」她寫了張支票給我，讓我得以在當週買了一台打字機。

爾文很快便氣急敗壞打給我，「妳跟妳祖母要錢？」

「不算是，」我說：「我告訴她我被搶了，然後她幫了我。」

每個月底，祖父都會查看他個人、奶奶與企業帳戶的所有兌現支票，當他發現奶奶寫一張支票給我後大為光火。

「妳得小心點，」爾文警告我：「妳祖父常說要和妳斷絕關係。」

幾週後我又接到爾文的電話，祖父又對我發脾氣，這回是因為他不喜歡我在支票上的簽名。

「爾文，你在開玩笑吧。」

「我沒有，他討厭字跡難辨的樣子。」

「那是簽名。」

他停頓一下，放軟他的語氣：「改掉，瑪莉，妳得照遊戲規則來。妳祖父認為妳很自私，說不定妳三十歲時什麼遺產都沒有。」但我從來不懂爾文說的「遊戲」是什麼意思，那是我的家族，不是官僚體制。

「我不知道我哪裡做錯了，我在常春藤盟校念博士學位。」

「他不在乎。」

「唐納知道這件事嗎？」

「知道。」

「他是我的託管者，他怎麼說？」

「唐納？」爾文不屑地大笑。「什麼也沒說。」

祖父尚未被診斷出阿茲海默症，但當時他已出現失智症症狀，因此我沒把他的威脅看得太重。不過，我確實重改了簽名。

我家族的每個人都體驗過優越與遭無視的奇怪感受。雖然我有一切必要物資，還能享有私校和夏令營等奢侈生活，但心中總有一種不確定這些事物能否留下的感覺。同理，有時會有一種壓倒性的喪氣想法，那就是沒人真的重要；或者更糟，我們都無關緊要，除了唐納。

唐納常稱川普管理公司是「差勁的業務」，但其實經營得不錯。佛瑞德在一九八八至一九九三年間，支付自己逾一億九百萬美元的薪水，銀行裡還有數千萬美元。反而是唐納掛名合夥的「川普集團」（Trump Organization）每下愈況。

銀行減少唐納的每月津貼——一家四口足以舒適生活十年還有餘裕——並將他拒於門外，最後拒絕借他更多錢，他全心相信無論他發生什麼事，都是經濟不景氣、銀行待他不善與走霉運所致。

沒一件事對他公平。佛瑞德也有所共鳴，他埋怨在心，除了成功，從不擔起任何責任。唐納推諉責任、怪罪他人，這項才賦完全傳自其父。就算加上不知去向的數百萬美元，佛瑞德還是無法避免唐納失敗，不過他絕對可以找到替死鬼，就像他因失誤和失策陷入麻煩時，總會找人頂罪，又像是他將越野障礙賽馬樂園案的失敗怪罪於佛瑞迪一樣。唐納知道攬下失敗責任顯然就是承認失敗，而這並非佛瑞德樂見的；唐納見過佛瑞迪的前例。

回推到一九六〇年代末期和一九七〇年代初期，佛瑞德很可能不曉得唐納可以多無能。要承認這名兒子的任何缺點近乎不可能，他不僅孤注一擲將他的事業帝國未來交付於唐納，還為此犧牲佛瑞迪。這麼說服自己更簡單：唐納的才能已在布魯克林這片死水浪費掉，他只是需要更大的池塘一躍而下。

康莫德酒店逐漸轉型為凱悅酒店，唐納操弄每一個環節並便宜行事以達到目的，但佛瑞德被成功蒙蔽，以致他似乎忘記自己的人脈、知識和能力有多關鍵；若無這些，凱悅和川普大樓都不會有這一天。唐納為這兩項建案創造關注度，佛瑞德肯定因此沖昏頭；如果換成任何其他人來開發，佛瑞德會覺得這是曼哈頓非常普通的建案。

佛瑞德一直都知道唐納在玩什麼把戲，因為他教唐納這樣玩。媒體操作、說謊、欺瞞，在佛瑞德看來，這些全是合法的商業手段。這對父子最拿手的就是騙人的打賭遊戲。佛瑞德不斷大量提出建案，鞏固「戰後建商大師」的地位，同時一邊撈納稅人的肥水來中飽私囊，一邊涉嫌從事大量稅務詐欺，讓他的四個孩子可以繼續受惠數十年。一般俗人關注唐納不斷餵給小報的腥羶色細節，唐納也持續靠呆帳、爛投資和更糟的判斷，來建立事業有成的名聲。不過兩人的差別在於，佛瑞德雖然為人不誠實又不正直，但實際上他經營的卻是有營利的穩固事業；唐納只能原地打轉，還要靠他爸爸的錢來撐起幻想。

唐納進軍大西洋城後，再也無從否認的是，他不僅不適合日復一日地管理外區數十棟中產階級的出租物業，也不適合經營任何事業——就算那棟物業表面上得以讓他發揮自吹自擂的長才，並展現他金碧輝煌的愛好。

佛瑞德吹捧唐納耀眼的長處，並宣稱長江後浪推前浪時，他一定知道無一字是真話；他太聰明又太會算計，才會忽略數字根本沒增加。明知如此，佛瑞德仍繼續支持唐納，這表示發生了其他事情；因為佛瑞德否認大西洋城失敗的事實。他早就拒絕接受與他發言不符的事實，因此他狠狠怪罪銀行、經濟、賭場業，就跟他兒子一樣。佛瑞德幻想唐納會成功，並投資甚多，兩人早已密不可分。面對真相必須承認他的責任，他永遠不會這麼做。他下了所有籌碼，任何有理智的人要棄牌時，佛瑞德卻注定會加碼。

還有很多宣傳讓佛瑞德沖昏頭，而且多虧這對父子罵個不停的銀行，異常財務動盪並未影響唐納的生活開銷。最後，佛瑞德尚未確診的阿茲海默症開始蠶食他，影響其大腦的執行功能。佛瑞德本就容易相信他那最棒又最糟的兒子，一段時間後，他更常將唐納天花亂墜的話跟現實搞混。

一如往常，唐納學到的教訓符合其先前預設：無論發生什麼事、無論他留下多大的爛攤子，他都會安然無恙。事先知道就算失敗還是會有人來保你，將使那一刻來臨前的對話毫無意義。接受失敗是一大勝利，大言不慚也能達到成功。就算唐納有能力改變，這道理也確保他將永遠不變，因為他不需要。這也確保如瀑布般傾瀉而下的失敗後果，最終將讓所有人都必須承受附帶損失。

破產壓力和難堪情緒漸長，唐納第一次面臨極限，他無法靠空談和威脅來逃避問題。唐納總擅長找出口逃脫，此時他似乎心生一計，他打算背叛父親，並從其他手足身上騙取大量金錢。唐納悄悄去找祖父最資深的兩名員工，一名是祖父的律師爾文・德班，另一名是會計傑克・米特尼克（Jack Mitnick），唐納請他們根據祖父的舊遺囑草擬遺囑文件，這樣祖父死後，唐納便可以完全控制佛瑞德的財產，包括整個事業帝國與手上資產。這等於瑪麗安、伊莉莎白和羅伯特必須靠唐納的憐憫才能拿到錢，就連最小的交易也得獲其允許。奶奶後來告訴瑪麗安，爾文和傑克到大宅請佛瑞德簽署遺囑文件時，還假裝這完全是佛瑞德的主意。祖父當天還算清醒，他察覺事情不對勁，卻也無法確切地說出問題。他憤而拒簽，在爾文和傑克離開後，佛瑞德向妻子表達其顧慮。奶奶立刻致電長女，並盡力解釋情況，簡言之，她說：「這一聽就不對勁。」

瑪麗安擁有檢察官背景，但對信託與房地產知識有限；她請丈夫約翰・巴瑞找人幫忙，巴瑞是紐澤西州備受尊崇的知名律師，他拜託一名同事來了解情況，沒多久便揭開唐納的詭計。因此祖父重寫整份遺囑，以取代一九八四年的舊遺囑，另外瑪麗安、唐納和羅伯特均被列為遺囑執行人。除此之外，還加入一條新規定：佛瑞德給唐納多少遺產，就必須給另外三名孩子相同的金額。

瑪麗安幾年後表示：「我們本來會身無分文，伊莉莎白本來會在街上角落乞討。我們要喝杯咖啡還得懇求唐納。」他們「純粹走運」才得以阻止詭計；不過那些手足每逢佳節仍會相聚，好像沒事一樣。

唐納企圖從佛瑞德手中謀得財產很合理，因為佛瑞德讓他的兒子相信，他才是唯一重要的人。唐納勝於一切；佛瑞德投資唐納，並將他拉拔到足以損害瑪麗安、伊莉莎白和羅伯特（甚至是他的母親），並且犧牲掉佛瑞迪。在唐納心中，整個家族的成功與名聲落在他的肩膀上；有鑑於此，難怪最後他會覺得，他該拿到的不是等份遺產，而是全部。

我站在工作室窗邊，看著第五十九大街尖峰時刻的車水馬龍，這時唐納從他的飛機上打給我，這並不尋常。

「塔夫茨教務長寄來一封妳寫的信。」

「真的？為什麼？」

我花了一分鐘才明白他在說什麼。我的一名教授先前爭取終身教職，我畢業前曾寫信表達支持，那已經是四年前的事，我早就忘光了。

「這封信說明妳覺得塔夫茨有多優秀，這封信在談募款的事情。」

「我很抱歉，他真失禮。」

「不，這封信很出色。」

我開始抓不到對話的重點，接著唐納天外飛來一筆。「妳想幫我寫下一本書嗎？出版商希望我開工，我想這對妳會是不錯的機會。這會很有意思。」

「聽起來真叫人難以置信。」我說。確實如此。我聽到飛機引擎快速旋轉的背景聲，才想起他人在何處。「對了，你要去哪？」

「從拉斯維加斯回家，明天打給羅娜。」羅娜・格拉夫（Rhona Graff）是他在川普集團的行政助理。

「我會的，謝謝，唐納。」

後來我重讀那封信，才了解為什麼唐納覺得聘用我是個好主意——不是因為內容很「出色」，而是因為我很擅長讓別人看起來優秀異常。

幾天後，我在川普集團後辦公室有了自己的書桌。吊頂天花板寬敞而平凡無奇，幾根螢光燈，幾個靠著牆的大型鋼製文件櫃，這裡與Z大道川普管理公司的俐落辦公室很像，有別於入口處金色與玻璃的牆面，賓客一進門便可見到一排以唐納為封面的雜誌。

我用第一週時間熟悉那邊的員工和歸檔系統。讓我訝異的是，那邊有一份我名字的資料夾，內有一張紙——我國中時寫給唐納的親筆信；我問他能否幫我買兩張滾石樂團（Rolling Stones）演唱會的門票，而他不肯。多數時候我保持沉默，但只要我有問題，唐納的副總裁厄尼・伊斯特（Ernie East）就會來幫我，他人挺好的。他建議一些可能有幫助的文件，偶爾還會把他覺得有用的資料夾放到我桌上。問題是我真的不曉得這本書應該要寫什麼，只知道它的籠統主題，而且還明顯來自暫定書名《東山再起的藝術》（*The Art of the Comeback*）。

我沒讀過唐納的另外兩本書，但我略知一二。就我所知，《交易的藝術》旨在展現唐納是認真的房地產開發商；這本書的捉刀手東尼．史瓦茲（Tony Schwartz）筆底生花——這也是他懊悔許久的事——他將主角寫得好像名副其實，彷彿唐納真心信奉某種充分落實的企業觀，而且通透理解並終生恪守。《在頂端生存》的出版時間尷尬，我想唐納打算回歸前一本書相對嚴肅的感覺。我打算解釋，他面臨惡劣的情況時如何走出深淵，大獲全勝並比先前更加成功。沒什麼證據能支持這樣的論述，他準備申請第四次破產，這次是廣場飯店，但我必須嘗試。

每天早上走到我的辦公桌，我都去找唐納，希望他有時間坐下來接受我的訪談。我認為這麼做最能了解他的成就與如何克服困境，他的觀點才是一切重點，我必須用他自己的話來說故事。通常他在講電話，我一坐下來，他就會開擴音。就我所知，這些電話幾乎都無關生意。電話另一端的人不曉得被開了擴音，對方會問八卦，或者詢問唐納對某名女性或新開幕俱樂部有何看法。有時還會請他幫忙，不過對話多半是在談高爾夫球。只要有人說了格外奉承、情色或愚蠢的話，唐納就會假笑並指著話筒，好像在說「真是個白痴」。

他沒在講電話時，我發現他會翻閱每天為他收集的剪報。每一篇文章都在談他，或至少提到他；他把剪報拿給我看，也對多數訪客這麼做。依文章內容而定，他有時會用富萊爾牌藍色氈頭麥克筆在上頭寫字，就像祖父一樣，然後再寄回給記者。他寫完之後會拿起剪報，詢問我對他自認為詼諧的批注有何看法。這無助於我的研究。

唐納聘用我幾週之後，我還是沒收到支薪。我向他提及此事時，一開始他假裝不懂我在說什麼，我指出我需要預付金，至少這樣才能買電腦和打字機——我還在用讀研究所時，奶奶贊助我買的那一台電動打字機。他說他認為這是出版商的問題。「妳可以跟蘭登書屋（Random House）說嗎？」

我當時還不曉得，但唐納的編輯不知道他僱用我。

有一晚我坐在家中思考，如何從我研究的無趣文件中，拼湊出一些隱約有趣的內容，這時唐納打電話來。「妳明天來辦公室，羅娜會給妳一些文件，我在準備書的材料，這很不錯。」他聽起來很興奮。

我終於有材料可以研究，還有一些想法可以組織這本書了。我還是不知道他如何看待「東山再起」、他如何經營事業，或甚至他在協商中的協議扮演什麼角色。

隔天如唐納所言，羅娜給我一個牛皮紙袋，裡面有十張用打字機繕打的頁面。我拿到辦公桌後開始閱讀，我讀完後，不知道該做何感想。這顯然是唐納錄音檔的文字紀錄，內容在解釋意識流品質。那是一篇抱怨摘要，他本來打算跟一名女性約會，對方拒絕他後，瞬間就變成他見過最糟、最醜又最胖的懶蟲。最大收穫就是唐納認為瑪丹娜（Madonna）嚼口香糖的方式不夠誘人；德國奧運花式溜冰選手卡特琳娜．維特（Katarina Witt）曾兩度奪得金牌和四次世界冠軍，而唐納發現她有很大的小腿肚。

我不再要求他接受訪問。

偶爾，唐納會問起我的母親。他四年沒看過我媽了，自從伊凡娜和布萊茵在感恩節前給奶奶下了最後通牒之後：是要琳達來大宅過節，還是選擇她們。

她們覺得，已經算不上是妯娌的琳達太過沉默與低落，她在的話，她們就沒辦法玩得開心。我媽在川普家族待到一九六一年，雖然我從來不明白，為什麼我爸媽離婚後，祖父仍要求她過節時要到場，而且她總會出席。逾二十五年後，祖母選擇了伊凡娜和布萊茵，而未思考這個決定會如何影響我和我哥。

現在唐納說：「我認為繼續資助妳媽是個大錯，如果幾年後我們切斷她的金援會更好，她必須自力更生。」

任何不自食其力而且有權收受金錢和協助的人，令唐納和祖父難以理解。媽媽身為富裕家族的長媳，幾乎獨自養育佛瑞德和瑪麗・川普的孫兒孫女，她沒收過祖父分文，更肯定沒收過唐納資助，但他們卻裝得好像有這麼一回事。

唐納可能覺得他很慷慨，他之前會心血來潮，給我一百美元，讓我領回被扣押的車。爸爸過世後，唐納是家族中除了奶奶，唯一會將我考慮進任何事的人。不過一段時間後，他的體貼變得扭曲，由於不常表露善意，加上佛瑞德勸阻，他認為其他人基本上無法分辨好意。

我當時不曉得，不過對話進行的當下，唐納仍每個月向銀行領取四十五萬美元的津貼。

有一天早上，我坐在唐納對面，確認我們要去海湖莊園的細節（唐納認為，如果我親眼見到棕櫚灘莊園，有助於我寫書），此時電話響起。對方是菲力普・強森（Philip Johnson）。

唐納聊天時，似乎得到一個靈感。他把電話改成擴音。「菲力普！」他說：「你得和我的姪女談談，她要寫我的下一本書，你可以跟她說泰姬的所有事情。」

我自我介紹，菲力普建議我下週到他在康乃狄克州的宅邸討論這本書。

唐納講完電話後向我說：「太好了，菲力普是很棒的人。我聘他幫泰姬瑪哈設計『共享門』（porta-co-share）。它很壯觀——我沒見過這樣的東西。」

我和他討論完佛州路線規畫後，便離開辦公室到圖書館。我不知道誰是菲力普・強森，也從沒聽過「共享門」。

隔天搭豪華轎車去機場時，我告訴唐納，我打算去強森家拜訪他；我從圖書館得知他是著名的建築師，而他家是由他親自設計的知名玻璃屋（Glass House）。我也發現，強森為泰姬設計的作品——唐納稱為「共享門」——其實是車輛通道（porte cochere），基本上就是一種大型車棚。我懂唐納為何想找強森加入此計畫；他不僅享有名聲，還出入唐納嚮往的社交圈。不過我不懂，強森為什麼想要為泰姬設計車棚，這是非常小規模的案件，似乎不值得他大費周章。

開車後不到十分鐘，唐納便拿出一份《紐約郵報》（*New York Post*），我知道他不打算跟我談那本書。我開始猜測，他未洽詢出版商便僱用我，是因為他不想被那邊的人掌握大小事。敷衍他的姪女簡單多了，沒簽合約，而且幾乎未支薪。不過相較之下，專業作家很可能位居要角，讓他的書叫好叫座。但我們接下來會困在飛機上兩小時，所以我希望他到時會主動向我開口。

噴射機在停機坪等我們，待我們進入機艙，唐納便張開雙手問：「妳覺得怎麼樣？」

「好極了，唐納。」我知道這一招。

我們一達到巡航高度便解開安全帶，一名保鑣在他旁邊放了一瓶健怡可樂，並遞給他一大疊信件。我看著他打開一個又一個信封，端看內文幾秒鐘，便將信紙連同信封扔到地上。地上堆了一疊後，同一個人再次出現，撿起廢紙並丟進垃圾桶。然後同樣情況一再上演。我移到另一張椅子，這樣就看不到了。

我們停好車時，職員已在海湖莊園入口恭候。唐納跟著管家離開，我則向所有人介紹自己。這棟莊園有五十八間房間、三十三間鍍金裝飾的衛浴，一千八百平方英尺的會客廳與四十二英尺的天花板，如我預期華麗惹眼，令人感到不自在。

傍晚用餐時只有我、唐納和瑪拉。她和我之前見過幾次面，但我們未有機會單獨認識彼此。我發現她很親切，有她在，唐納似乎很放鬆。她只比我大兩歲，跟伊凡娜大大不同。瑪拉很務實、說話輕柔，伊凡娜愛炫耀、傲慢又刁鑽。

隔天一早我參觀莊園，這裡沒有其他賓客，空蕩蕩又安靜得詭異。我和管家聊天，想知道有無趣事，並認識這邊的一些員工，之後在下午一點用午餐前快速游泳。雖然海湖莊園的氣氛某些時候很正式，但仍比我們家族固定聚餐的地點悠閒多了，因此穿泳裝和短褲在庭院用餐讓我很自在。

唐納身穿高爾夫球裝，我接近時，他好像沒見過我一樣盯著我看。「我的天，瑪莉，妳超有料的。」

「唐納！」瑪拉假裝震驚地說，一邊輕拍他的手臂。

我當時二十九歲，照理說不容易感到尷尬，但我的臉脹紅並突然覺得不自在，並拿毛巾披蓋肩膀。這才想起，家族內除了我爸媽和哥哥，沒人看過我穿泳裝。可惜了那本書，這是我整趟棕櫚灘之行中唯一有趣的事。

回到紐約後，唐納終於厭倦我一直要求訪談他，他給了我一串名字。「跟這些人談。」其中包括他的賭場總裁和瑪麗安的丈夫約翰。雖然這可能有幫助，但他似乎不懂如果沒有他的任何分享，寫書近乎天方夜譚。

我拜訪所有賭場總裁，不出所料，他們的答案多半千篇一律，我明白他們不會說出老闆生意最紊亂與失序時的骯髒事。這些訪問也不全是浪費時間；我從沒去過那些地方，至少我對那些地方有些概念了。

我拜訪約翰·巴瑞時，甚至比出訪大西洋城的收穫更少。

「你能跟我分享什麼？」我問他。

他翻了白眼。

最後唐納告訴我，他的編輯想見我。午餐已約好，我抵達餐廳時心想，他跟我準備要討論下一步了。身處寸土寸金的市中心區，我們坐在靠近廚房的擁擠小桌。

初步交談後，編輯告訴我，蘭登書屋希望唐納聘用更有經驗的寫手。

「我已經準備一段時間了，」我說：「我覺得已有些進展。問題在於，我沒辦法請唐納坐下來受訪。」

「妳不能期望第一次坐在鋼琴前，就演奏莫札特協奏曲。」編輯說，好像我昨天才剛學會字母。

「唐納告訴我，他滿意我目前的成果。」

編輯看著我，好像我剛證實了他的論點。「唐納沒讀過那些內容。」他說。

隔天我去辦公室清空桌子，並把也許能幫上忙的所有資料交給最終人選。我不生氣，甚至不介意唐納找人開除我。這項計畫卡關了，而且我在辦公室的這段時間，還是不知道他到底做了什麼。

第十章

日暮並非轉瞬而至

我們坐在海湖莊園的一張桌子前，我幾年前與唐納及瑪拉在同一張桌子上吃午餐。家族向來會在復活節齊聚海湖莊園。我的祖父轉頭問他的妻子，指著我，微笑問道：「這位有教養的淑女是誰？」

他轉向我說：「妳是淑女吧？」

「謝謝爺爺。」我說。

奶奶看起來很沮喪；我告訴她，別擔心。我已目睹祖父忘記熟稔數十年的人，包括他最小的孫子和他的司機。他給我起的綽號就此定型，直到他臨終前，都喚我「淑女」，溫柔和藹地呼喚著。而他忘了我是誰之後，對我非常親切。

「來吧，爸爸。」羅伯特邁出步伐，但我祖父沒跟上。他觀望四周歡慶的人們，這些人出於對我祖父母的尊敬而齊聚一堂；他的眼神閃爍著恐慌，似乎突然不認識在場的任何人，或是他在這裡做什麼。在那之前，我只看過祖父輕蔑、焦躁、憤怒、愉快和自滿的表情；恐懼算是新的表情，令人擔憂。我記得祖父之前唯一會顯露焦躁，是唐納帶他去打高爾夫球的時候。高爾夫是唐納花許多時間享受的興趣，佛瑞德雖然厭惡娛樂，卻也沒發過牢騷。他們從球場回來時，我就在大宅裡，差點認不得他。他們都穿著高爾夫球服裝——祖父穿著一條淺藍色褲子、白羊毛衫，腳踩一雙相稱的白鞋。這是我頭一遭看到祖父穿著西裝以外的服飾，我從沒看過他如此彆扭和不自在。

很快地，他從習慣性地放錯物品、偶爾忘記詞彙或句子，到淡忘家人的臉龐。你可以經由祖父記得你的時間長短，衡量你（在他心目中）的價值。我不知道，祖父是否還記得我父親，因為我爸死後，我從未再聽過祖父提起他。

瑪麗安希望我當時擔任心理學家的表哥大衛，陪伴祖父做每一項例行檢查和神經科檢驗，盼能鞏固大衛在祖父腦海中的記憶；然而，過不了多久，祖父便直接稱呼大衛為「醫師」。

我和瑪麗安及祖父站在海湖莊園的池塘畔，他指著我，告訴他女兒：「那位淑女不是挺有教養的嗎？」從他最初給我取這個綽號算來，已經過了一年多。

瑪麗安不耐煩地微笑說道：「是的，爸。」

他仔細端詳她，彷佛經過深思熟慮後，狐疑地問道：「妳是誰？」

她淚眼汪汪，好像被人甩了巴掌，溫柔地說：「爸，我是瑪麗安。」

「噢，瑪麗安。」他微笑著說，但這個名字對他而言，已不具任何意義。

他從未忘記唐納。

羅伯特卸下川普城堡（聲名狼藉的三百一十五萬美元緊急援助籌碼）的賭場主席職務後便失寵了，但他在我祖父一九九一年住院時，接替坐鎮川普管理公司要務，往後不曾離開。這對羅伯特而言很棒，光憑他是佛瑞德在世的兒子之一，他每年可獲得五十萬美元，做一些只需要一點技巧或努力的工作。那是為佛瑞迪與唐納打理好的職位，但兩人分別用各自的方式拒絕了。

佛瑞德仍然每天進辦公室，坐在辦公桌前方，直到下班回家時間，但羅伯特實際上負責這個自主運行狀況良好的組織運作，而他經常指其為「搖錢樹」。

我的祖父那天過得很糟，當他下樓時，我們大多數人聚在圖書室，他的鬍髭和眉毛剛染過，假髮歪斜但完美地搭配他的三件式西裝。

祖父的髮色和假髮是最近的創新，他向來注重外表，且對日益後退的髮線興嘆。如今，他的整頭假髮賦予他稍微蓬亂的外貌。沒有人評論這頂假髮，但染過的髮色讓家人錯愕，尤其在大家要公開露面之際。我的祖父往往讓廉價的藥局染髮劑停留在髮絲上過久，讓他的眉毛和鬍髭變成刺眼的紫紅色。當他走進圖書室加入我們時，顯然對自己所為感到驕傲。奶奶驚呼：「噢，天殺的，佛瑞德。」

「老天，爸！」唐納對他大喊。

「靠！」羅伯特低聲咒罵。

瑪麗安拍拍他的手臂，說：「爸，你不能再這麼做了。」

當我走進圖書室時，他站在他最愛的椅子旁邊。

「哈囉。」他說。

「嗨，爺爺。你好嗎？」

他看著我，伸手去掏皮夾，這個皮夾裡放著一疊厚到我總是訝異如何塞進他口袋裡的鈔票。他的皮夾裡，有一張皮夾大小的半裸女人照片，我一度擔心他又打算秀給我看，就像他在我十二歲時做過的那樣。

「看，」他當時一邊說一邊把照片拉出夾層。照片中濃妝豔抹的女人，不可能超過十八歲，或許還更年輕；她無辜地對著鏡頭微笑，兩手捧著袒露的酥胸。唐納一直從祖父的肩膀後方觀望，而我不知道該說什麼，只好看著他，希望他能給我提示，告訴我應該如何回應，但他只是斜眼看著那張照片。

我的祖父竊笑道：「妳覺得這張照片如何？」我從沒聽過他笑，我不認為他會笑，他總是以「哈！」來表達愉悅，接著譏嘲。

如今，我的祖父沒有拿出照片，而是拿出一張百元美鈔，問道：「我可以買妳的頭髮嗎？」

我長大之後，每次我見到他時，他都會問我這個問題。我說：「抱歉，爺爺，我需要留著它。」

伊莉莎白一手拿著一個小盒子走了過來，她將另一隻手環繞我祖父的手肘並靠向他；他茫然地看向前方，解開她的手臂，離開房間。

不久後，唐納和他的孩子，以及羅伯特的繼子走了進來。除了艾瑞克（Eric）之外，他們全都是青少年，這些又高又胖的男孩們都穿著西裝。唐納逕自坐上電視旁的椅子，伊凡卡爬上他的大腿。男孩們開始摔角，唐納在椅子上看著男孩的舉動，時而親吻伊凡卡，或捏她的臉頰。每隔一段時間，唐納會伸出一隻腳，踢向被壓在地板上的男孩。男孩們更小的時候，唐納會和他們一起摔角，那種打鬥基本上包含了——他抱起他們、把他們摔在地上、以膝蓋壓制直到他們認輸等激烈動作。當男孩成長到足以認真回擊時，唐納就不再跟他們玩了。

伊莉莎白和我盡量遠離危險擂台，她將盒子遞給我，並說：「這是妳的。」我們不會在耶誕節以外的日子交換禮物，但我從她手中接過盒子，打開後發現是一只復古的不鏽鋼天美時錶。這只手錶有著小巧簡樸的錶面，以及橄欖綠錶帶。

「有人送妳當耶誕禮物，」她說：「妳當時才十歲，我認為妳還太小，不配擁有如此精美的禮物，所以我先用了。」語畢，她離開房間，尋找她的父親。

稍晚，唐納與羅伯特在早餐室依偎在一塊兒，他們肩並著肩、低著頭。我祖父站在附近，身體前彎到幾乎碰到腳趾尖，試圖聽他們在說什麼。

佛瑞德說：「唐納，唐納。」他沒有回應時，我的祖父便會扯唐納的袖子。

「幹嘛，爸？」他頭也不回地說。

「看這個，」佛瑞德說；他拿起一張撕下來的雜誌內頁，那是一張禮車廣告，而廣告中的禮車和他已經擁有的禮車很類似。

「怎麼了嗎？」

「我可以得到它嗎？」

唐納把這張紙交給羅伯特，羅伯特折成一半，並悄悄地迅速放置到桌上。

「沒問題，爸爸。」羅伯特說。唐納離開房間。無論他們的關係曾如何密切，佛瑞德在世的兒子們，已全盤放棄假裝關心父親的想法或他想要的事物。達到父親的目的之後，唐納如今輕蔑地看待他，宛如他的心智衰退是他自己的錯。佛瑞德也曾以同樣的方式，對待他的大兒子和他的酗酒問題，所以唐納的態度並不令人意外。目睹祖父被公然藐視縱然令人不悅，但就我當時所知，唐納不僅是祖父的愛子，甚至是他唯一喜歡的孩子。我知道，我祖父可能很殘酷，但我以為，那般惡毒僅止於對我爸；說來慚愧，我認為祖父或許活該。我不知道多年以前，在奶奶病重之際，隻身住在大宅裡有多麼孤單和可怕。我不曉得，我的祖父在奶奶缺席的這幾年，沒有照顧他的任何一個孩子，或是唐納對於那種忽略特別受傷。佛瑞德並未全力支持和撫養我的父親，因為他真摯地盼望自己可以成功地闖蕩世界。而對於唐納，佛瑞德只是縱容他，直到他長大到能被拿來利用的年紀。

一九九四年，我從上東城（Upper East Side）的公寓遷居花園市（Garden City），那是長島的一個小鎮，距離大宅只有十五分鐘的車程。我會開著祖父幾年前送給奶奶的生日禮物：一輛紅色的勞斯萊斯，帶奶奶去看她的曾孫和我哥的兒女。握著碩大、鬆弛的核桃木方向盤，我感覺高高在上，簡直可以看見地球的曲率。有時候，奶奶和我會在四十五分鐘的車程中輕鬆聊天，但她更多時候是鬱鬱寡歡或沉默寡言。在這種日子，車程似乎永無止境。即便她許久不再烘焙，她身上有時仍散發著強烈的香草味。其他時候，我的眼角餘光會看到，她偷偷地把手伸進皮包，拿出東西放進嘴裡。

我們常坐在圖書室談天，瑪麗安每天打電話報平安時，我通常會在那兒。奶奶接起電話後，蓋住話筒，告訴我：「是瑪麗安。」她接著告訴她女兒說：「猜猜誰在這兒？是瑪莉。」她稍作停頓，我想是要給瑪麗安機會，說些「替我跟她打聲招呼」之類的話，但她從來沒有這麼做。

有時候，我們會在當地餐廳用餐，奶奶的午餐愛店之一是「狡猾狐狸小旅館」（Sly Fox Inn），那是一間低調的酒吧，坐落在她曾遭遇搶劫的雜貨店停車場對街。我們從不多談關於父親的事，但有一天她似乎特別感性。她憶起他和比利・德雷克經常捲入的麻煩事，以及父親總是能輕易逗她開心。她在服務生來收拾我們的餐盤後，變得安靜。男服務生問我們是否要結帳時，奶奶沒有回答，我於是點點頭。

「瑪莉，他病得很重。」

「奶奶，我知道。」我說，假設她是指他酗酒的惡習。

「我不知道該怎麼辦。」

我以為她要哭了，儘管多說無益，但依舊說出：「奶奶，沒關係。」

「最後那幾週，」她深呼吸後說：「他無法下床。」

我開始問：「那天我過去……」

服務生把帳單拿了過來。

「他沒去看醫生嗎？」我問道：「我是說，如果真的病入膏肓。」

「當他聽說你們去看過他後，他感覺相當糟。」

我等著她繼續說什麼，但奶奶打開錢包。她總是為午餐買單，我默默載她回家。

一九八七年，我在無依無靠的德國度過大三那年。我以為這樣可以取悅我的祖父，畢竟那是他雙親出生的國度（結果並沒有）。我規劃回家過耶誕節，所以我打電話給祖父母，問他們能否借住幾宿。

我拿著一把五馬克硬幣，站在宿舍走廊的付費電話前，打電話回大宅。

「嗨，爺爺，是瑪莉啦。」我在他接聽後說。

「嗯哼。」他答道。

我解釋為何打電話過去。

「為什麼不去住妳媽那邊？」他問。

「我對貓過敏，我怕可能犯氣喘。」

「那麼告訴她，把貓給丟了。」

現在能被當作「淑女」，輕鬆多了。

我親眼見證了，和祖父住在一起，對奶奶而言有多難受。我祖父的奇怪行徑從小事開始，例如把她的支票簿藏起來。當她質問他的時候，他指控她企圖害他破產。當她試著與他講理，他會生氣，讓她感到惴惴不安。他經常為錢苦惱，害怕他的財富消失。我祖父的一生中，從來沒有窮過一天，但貧窮成為他唯一憂慮的事，且飽受此事折磨。

祖父的情緒最終平復，但對奶奶而言，問題反覆出現。他傍晚從辦公室回家後，會先上樓換衣服，他經常穿著乾淨的襯衫，打好領帶，卻沒穿褲子，只穿著四角褲、襪子和禮服鞋下樓。他會說：「大家過得好嗎？還行？好，晚安，寶貝們。」接著又上樓，幾分鐘後再下樓。

有天傍晚，我和奶奶坐在圖書室，祖父進來並問道：「嘿，寶貝們，晚餐吃什麼？」

她回答後，他轉身離去。幾分鐘後，他又回來問：「晚餐吃啥？」她再次回答，他離開又回來問了十次、十二次、十五次。隨著耐心磨耗，她每次都只告訴他：「烤牛肉和馬鈴薯。」

終於，她對他破口大罵：「天殺的，佛瑞德，別鬧了！我已經告訴過你了。」「好，好，寶貝們。」他尷尬地笑著，舉起雙手對著她，踮起腳尖跳開。他說：「好，那就這樣。」他將拇指伸進衣服吊帶，好像他剛結束一段對話。這個姿勢向來不變，但他炯炯的眼神已經變得和藹卻遲鈍。

沒想到他離開房間幾分鐘後，又繞回來問：「晚餐吃什麼？」

奶奶把我拉到陽台——那是個不受歡迎的水泥方形區域，就在大宅的一側，距離圖書室不遠；數十年前，一家人會在那裡烤肉。但這塊區域長期被忽視，我經常忘了它的存在。

「我發誓，瑪莉，」她告訴我：「他會把我逼瘋。」那些椅子被遺棄在外，覆滿殘枝和枯葉，我們只能站著。

「妳需要尋求協助，」我說：「妳必須找人聊聊。」

她說：「我不能離開他。」差點哭出來。

「我本來想再回家一次。」她曾憂愁地告訴我。我不明白，她為何不能回蘇格蘭，但她堅決不做任何可能看起來自私的事情。

每到週末，如果他們不在海湖莊園，我的祖父母會開車到其他孩子的鄉村度假屋：羅伯特的在紐約州米爾布魯克（Millbrook）、伊莉莎白的在紐約州南安普敦（Southampton）、瑪麗安的在紐澤西州斯巴達（Sparta）。他們會計畫過夜，而奶奶會期待與其他人共度安靜且放鬆的週末。只要他們抵達目的地，我祖父就會詢問那一家人他能否回家了。他會不厭其煩地嘗試，直到奶奶放棄，兩人才會回到車上。休息一個週末（或一天）的點子，其實算是奶奶的福利，讓她能離開大宅且有伴。孰料，這些探訪成了另外一種形式的折磨。就像家族裡發生過許多不合理的事，但他們依舊這麼做。

奶奶再次住院。我不記得她弄斷了什麼，但她出院後必須在前往復健機構或請物理治療師到府服務之間作選擇。她選擇入住復健機構，並告訴我：「可以不用回大宅都好。」

這樣也好，她遭遇搶劫後，必須在圖書室的醫療床上休養數週。我的祖父髖關節手術後恢復得非常好，並不需要什麼同情與安慰。

他會說：「一切多麼美好，對吧？寶貝們。」

一九九八年，我們第一次在唐納的川普大樓慶祝父親節。那時候，我的祖父已很難公開露面，前往布魯克林彼德魯格牛排館的傳統遂無以為繼；每年去兩趟牛排館曾是家族傳統，分別是慶祝父親節和我祖父的生日。

彼德魯格是態度傲慢且非常昂貴的餐廳，服務差勁還要多收費，且只收現金、支票或（我祖父擁有的）彼德魯格儲值卡。菜單上的餐點有限，且無論是否點購，都會送上多盤切片番茄和白洋蔥，搭配用小陶碟裝的炸薯餅，以及通常不會有人去碰的奶油菠菜。牛肉放在托盤的一側被端了出來，並放上以不同色調標示的塑膠牛，從（還在哞哞叫的）紅色，到（幾乎能爬過桌子的）粉紅色，以及（是否還有其他顏色）——其實我也不清楚，我們的小牛全都是紅色和粉紅色。我們大部分人點六盎司的瓶裝可樂，因為餐廳出奇差勁的服務，晚餐結束後，桌上總會布滿幾根牛骨、數十瓶可樂罐，以及裝滿食物卻沒被碰過的餐盤。

這一餐總要等我祖父吸光大骨中的骨髓才算結束，但他留有鬍髭，那畫面實在令人難以直視。

我大學後不再吃肉，在彼德魯格用餐儼然成為挑戰。我曾經犯了一次錯誤點了鮭魚，這道菜肴占據了半張桌子，味道就和你能預期牛排館的鮭魚一樣。後來，可樂、小馬鈴薯和結球萵苣沙拉成為我在那裡固定不變的餐點內容。

我不會想念粗魯的服務生，但我希望在唐納家至少有一些我能吃的東西。

我犯下隻身提早到達豪華公寓的錯誤。儘管唐納和瑪拉仍保有婚姻關係，但她已成追憶；取而代之的是他的新女友梅蘭妮亞，我和這位二十八歲的斯洛維尼亞模特兒素未謀面。他們坐在大廳裡一張看起來不太舒服的沙發上，周遭都是大理石雕刻、金葉、白牆與鑲著鏡子的牆，還有壁畫。我不確定他怎麼受得了，但唐納的公寓感覺比大宅更冷，更不像一個家。

梅蘭妮亞小我五歲，她稍微斜坐在唐納旁邊，雙腳腳踝交疊，我被她出奇平靜的表情震懾。羅伯特與妻子布萊茵和梅蘭妮亞第一次見面後，羅伯特告訴我，梅蘭妮亞在整場餐會中幾乎很少講話。

「或許她的英文不是很好。」我說。

「不，」他嘲笑地說：「她知道她在那裡的用意。」顯然不是為了絕妙談吐。

我一坐下，唐納就開始告訴梅蘭妮亞，關於他僱用我撰寫《東山再起的藝術》，接著說他的版本、關於我「歷劫歸來」的救贖故事。他以為，那是我們的共通點：我們都曾跌入谷底，（他）設法重回頂峰，或（像我）剛回到高點。

「是的，唐納，我是。」我就這樣被介紹給初次見面的某人。而且我很訝異，他竟然知道這件事。

「妳大學輟學，對吧？」

「那陣子真的很糟……然後她開始嗑藥。」

「哇噢！」我說著，邊舉起雙手。

「真的嗎？」梅蘭妮亞突然來勁兒。

「不、不、不，我這一生從來沒碰過毒品。」

他轉頭看著我微笑，他明白，我知道他為了塑造印象而誇飾故事。他笑得更開懷地說：「她糟透了。」

唐納鍾愛東山再起的故事，且他深諳從越深的洞窟爬出，成功回歸的價碼越好的道理，這就是他的親身經歷。藉由挖苦我大學輟學，和他僱我寫他的書（再加點虛構的藥癮），他捏造了一段很棒的故事，闡述他曾扮演我的救世主。

然而事實是，在我輟學到幫他寫書期間，我復學、畢業且取得碩士學歷——完全沒有和藥物或毒品沾上邊。但陳述真相沒有意義，他的字典裡沒有這個詞，那個故事是為了他和其他人的利益。此時，門鈴響起，他可能已經相信他事件版本的結果了。當我們三人起身歡迎賓客時，我才發覺，梅蘭妮亞在我們交談的時間裡，只說了一個詞。

一九九九年六月十一日，佛瑞茲打電話通知我，我們的祖父被送往長島的猶太醫療中心（Jewish Medical Center），這是祖父母近年贊助的另一家皇后區醫院。他說得好像祖父病危一般。

我從我家開車十分鐘抵達，發現病房內已經擠滿了人。奶奶坐在床邊唯一的一張椅子上，伊莉莎白站在她身旁，抓著祖父的手。

打過招呼後，我站在窗邊、羅伯特妻子布萊茵的身旁。她說：「我們本來應該已在倫敦會見查爾斯王子。」我驚覺她是在對我說話——這是她很少做的事。

「喔。」我說。

「他邀請我們參加他的其中一場馬球賽，我們簡直不敢相信，我們竟然必須取消。」她無意壓低音量，生氣地說。

我被耽誤的事情大可以贏過她的故事，我當時原定一週內要在夏威夷茂宜島（Maui）的沙灘上成婚。我的家族無人知曉，他們向來對我的私生活特別不感興趣（若有必要，我會請男性友人陪同，出席必須攜伴的任何家族聚會），也沒人問過我關於男友或情侶關係的事。

幾年前，奶奶和我談到黛安娜王妃的葬禮。她悻悻然說道：「真是丟臉，他們讓搞同性戀的小兔崽子艾爾頓・強（Elton John）在宗教儀式上開唱。」我從那時起便明白，最好不要讓她知道，我與另一名女子同居且訂了婚。

眼見我的祖父病況嚴重，我有股糟糕的感覺；當我回家後，勢必得告訴未婚妻，經過數個月計畫且克服許多籌備的夢魘，我們那場幾乎是祕密的婚禮必須延期。

我注意到房裡一陣沉寂，彷彿每個人同時無話可說。我們靜靜聽著祖父斷斷續續的鼻息：刺耳、含糊地吸入，接著不自然地中止許久，直到他終於呼氣，才看似安全。

第十一章

唯一貨幣

佛瑞德．川普於一九九九年六月二十五日逝世。翌日，《紐約時報》以「佛瑞德．C．川普，為中產階級蓋房的戰後建築大師，享耆壽九十三歲」為標題，刊登了訃告。訃告作者將佛瑞德塑造為「白手起家的男人」，其形象與「他愛炫耀的兒子唐納」迥異。我祖父習慣在他的建築工地，撿起沒用到的釘子還給木工一事，隔天也在回顧他生平軼事中的報導被提及。《紐約時報》重新報導了我們家族的故事，唐納靠著祖父的極微幫助——即「一小筆錢」——打造自己的事業。不過，《紐約時報》會在二十年後推翻此說。

我們坐在圖書室，各自拿著一份《紐約時報》。羅伯特遭到他的哥哥姐姐輪番訓斥，指他不應該告訴《紐約時報》，我祖父的資產價值介於兩億五千萬美元到三億美元之間。瑪麗安像教訓愚蠢小孩般地告誡他：「絕對、絕對不要給他們數字。」他羞愧地站在原地，拗著指關節，並以腳掌為支點前後擺動，就像我祖父突然想到陸續要繳的稅款時會出現的動作。其實該估價荒誕地低——我們最終將知曉，整個事業帝國可能價值該數額的四倍——但瑪麗安和唐納絕對不會承認有這麼多。

我們之後站在坎貝爾殯儀館（Frank E. Campbell Funeral Chapel）的麥迪遜室（Madison Room），微笑地與看似無止境的來賓行列握手；坎貝爾殯儀館坐落在曼哈頓上東城，為曼哈頓最高級且價格不菲的喪葬禮儀公司。

從頭到尾，超過八百人穿梭在多個房間，有人來表達敬意，包括山姆・萊夫拉克（Sam LeFrak）等房地產對手開發商、紐約州長喬治・柏德基（George Pataki）、參議員艾爾・達馬托（Al D'Amato），以及後來參加實境節目《誰是接班人》比賽的喜劇演員瓊・萊佛斯（Joan Rivers），其他大多數人可能是來一睹唐納的丰采。

葬禮當天，大理石學院教堂座無虛席。整場儀式，從頭到尾，每個人都有自己扮演的角色，極度刻意地精心安排；伊莉莎白朗誦我祖父「最喜愛的詩」，其他手足致悼詞；我哥代表我們的父親致哀，而我表哥大衛代表祖父的孫子們致意。他們大都講述祖父的故事，而我哥是唯一讓祖父顯得仁慈的講者。悼詞中有一大部分，以拐彎抹角和直接陳述並行的方式，強調祖父的物質成就、他「如殺手般」的直覺，以及儲蓄的本領。唐納是唯一脫稿演出的人，在阿諛奉承的轉折之後，他的悼詞變成讚頌他自己的偉大。這種情況尷尬到讓瑪麗安事後交代她的兒子，將來不准她的任何一位手足在她的喪禮上致詞。

當時的紐約市長魯道夫．朱利安尼（Rudolph Giuliani）也有登台致詞。儀式告終，六名年紀較長的孫子（蒂芬妮．川普〔Tiffany Trump〕當時還太小）作為榮譽抬棺者，陪同靈柩前往靈車；這種情況經常發生在我們家，其他人幹活，而我們獲得功勞。

從第五大道到第四十五街，遠至超過十六個街區以外的「中城隧道」（Midtown Tunnel）全面交通管制，禁止人車通行，好讓由警察護衛的送葬車隊得以順利出城，迅速抵達位於皇后區中村的「全信仰公墓」，安葬我的祖父。

我們同樣快速地開回城市，這次比較低調，並在唐納的大樓共進午餐。

之後，我陪祖母返回大宅。我倆坐在圖書室，交談了一會兒。她看似疲累卻如釋重負。那是度日如年的日子，事實上是很長的幾年。除了住在樓上的女傭之外，屋裡只剩我們兩個人。我本來應該在度蜜月，但我選擇留下，直到她準備就寢。

當她說她準備就寢時，我問她是否需要留下來陪她，或有什麼事是我離開前能幫她處理的。

「沒有，親愛的，我很好。」

我俯身親吻她的臉頰，她聞起來還是有香草味。我告訴她：「妳是我最喜歡的人。」這不是真的，但我因為曾愛過她而如此說。我這麼說，也是因為沒有其他人願意在她結縭六十三年的夫婿入土為安後，留下來陪她。

「很好，」她答道：「我當之無愧。」

在那之後，我將她留在寂靜、空蕩的大宅裡。

祖父的葬禮結束兩週後，我在家收到ＤＨＬ貨車送來的一個黃色信封袋，裡頭裝著一份我祖父的遺囑影本。我仔細讀了兩次，確認沒有誤解任何事情。

我曾向我哥承諾，我得到消息後，便會立刻通知他，但我不情願這麼做。佛瑞茲和麗莎的第三個孩子威廉，在祖父葬禮後幾個小時出世。他出生二十四小時後，小兒痙攣癲癇發作；在那之後，他住進新生兒加護病房。他們家裡還有兩個年幼的小孩，佛瑞茲仍必須工作。我對於他們如何應付所有事情毫無頭緒。

我討厭作為捎來更多壞消息的人，但他需要知道。

我打電話給他。

「遺囑內容是什麼？」他問。

「什麼也沒有，」我告訴他：「我們什麼都沒分到。」

幾天後，我接到羅伯特的電話；我記得，他之前唯一一次打電話給我，就是讓我知道奶奶住院了。他假裝一切都很好，卻暗示著，如果我在遺囑上簽名，一切會更棒。他的確需要我簽字，才能執行遺囑認證程序。我的祖父沒有分財產給我和我哥是事實，他不僅沒有將屬於我爸的百分之二十資產分給我和我哥，甚至將遺產平均分給他的另外四個孩子；我們被算在分給祖父所有孫子的遺贈裡頭，那些零頭小數連我姑姑或叔叔所繼承資產的千分之一都不到。就總資產而言，那是非常少的錢，但遺囑賦予我和佛瑞茲阻止資產分配的權力，肯定讓羅伯特很不爽。

幾天過去，我沒辦法說服自己簽名。就殘酷程度而言，這份遺囑令人震驚的程度，不亞於我父母的離婚協議。

有一陣子，羅伯特天天打電話給我。瑪麗安和唐納派他來當協調員，唐納不想打擾瑪麗安罹患食道癌的丈夫約翰，且其預後狀況並不佳。

「兌現妳的籌碼，親愛的。」羅伯特反覆地說，好似這樣會讓我忘記遺囑的內容。然而，無論他說多少次，我哥和我已經達成協議，不會在想出對策前，簽署任何文件。

羅伯特最終失去耐性，佛瑞茲和我擋下所有事情，使得遺囑無法在所有受益人都同意的情況下被認證。當我告訴羅伯特，佛瑞茲和我還不願意採取行動時，他建議我們一起討論。

在我們的第一場會議中，我們請羅伯特解釋我祖父為何這麼做，羅伯特說道：「聽好了，你們的祖父根本不管你們；不只是你們，他根本不在乎他的任何一個孫子。」

「我們所受到的待遇更糟，因為我們的父親死了。」我說。

「不，一點也不。」

當我們指出，我們的堂兄弟姐妹還能從他們的父母那裡受惠於祖父的遺產時，羅伯特說：「他們之中的任何人，都可能隨時斷絕關係。唐尼要從軍或做類似的爛工作，唐納和伊凡娜告訴他，如果他真的做了，就會立刻和他斷絕親子關係。」

「我們的父親沒有這種奢求。」我說。

羅伯特向後坐。我看得出他試圖思考。「這很簡單，」他說：「就算你們的祖父在乎，死了就是死了，他只在乎他在世的孩子。」

我想辯稱，我的祖父也不在乎羅伯特，但佛瑞茲插話說：「羅伯特，這不公平。」

我記不得，我們三人在一九九九年七月到十月期間共會面了幾次。只有當年九月短暫中斷，那時我去夏威夷補辦延遲的婚禮和度蜜月。

我在磋商最開始之初，佛瑞茲、羅伯特和我說好，不讓奶奶受到牽連。我猜，她並不知道我們如何遭祖父的遺囑對待，也沒有理由讓她不開心。企盼我們能夠解決每一件事，她永遠不用知道曾有過那些問題。我不在她身邊的時候，還是每天和她講電話；當我回到紐約時，我就會再去探望她。那些磋商也會恢復——如果那還稱得上是「磋商」的話。我們的對話無聊且千篇一律，無論佛瑞茲和我說什麼，羅伯特都會回歸陳腔濫調和罐頭式回應；我們依舊僵持不下。

在過程中，我提到了祖父數十年前創辦、用以嘉惠孩子並規避贈與稅和遺產稅的米德蘭公司。米德蘭公司擁有七棟大樓（包括多棟桑尼賽德大樓和海蘭德），這幾棟大樓在我家族裡被稱之為「迷你帝國」。我對此所知甚少——沒有一位我的信託專員曾向我解釋過，這些資產扮演的角色或如何賺錢——但我每隔幾個月就會收到支票。我們想知道，我祖父過世後，將會如何影響未來的夥伴關係。

我們並不是要索求特定金額的錢財或資產比例，只是想確保這些我們擁有的資產，未來依舊穩定無虞；考量家族的龐大財富，他們能否以他們的方式，認清如何處置我祖父的資產。作為遺囑執行人，除了伊莉莎白是單一受益人之外，瑪麗安、唐納和羅伯特對那方面有很寬廣的轉圜餘地，但羅伯特仍不置可否。

我們最後一次會面約在第五十六街和公園大道的「德瑞克酒店」（Drake Hotel），羅伯特顯然已經意識到，我們不會退讓。在那之前，除了他有幾次血口噴人、汙蔑我們之外，他仍然一副和藹可親，裝作「嘿，孩子們，我只是傳話員」的態度。那天，他再次提醒我們，我的祖父憎恨我們的母親，且害怕他的錢落入她手中。

這很可笑，過去至少二十五年來，我媽都根據川普家族訂的規則生活，遵守他們信中的指示。她依舊住在皇后區牙買加同一間缺乏修繕的公寓，她的贍養費和育兒基金幾乎沒有增加，且她從未提出更多要求。

最後，佛瑞德和我們斷絕關係，因為他可以這麼做。被委派來，至少要在財務上保護我們的人，是我們的信託管理人——瑪麗安、唐納、羅伯特和爾文．德班——但他們顯然沒興趣保護我們，尤其是要自掏腰包。

羅伯特傾身向前，突然嚴肅地說：「聽好了，如果你們不簽這份遺囑，如果你們想控告我們，我們會讓米德蘭公司破產，而你們將會為餘生得不到的錢財繳稅。」

在那之後，沒什麼好說的。要麼，佛瑞茲和我妥協，不然就挺身奮鬥，兩種方式都不好。

我們詢問爾文，他像是我們僅剩的盟友。他對於我們的祖父在遺囑中差勁地對待我們，感到極為憤怒。當我們告訴爾文，羅伯特被我們問到米德蘭公司，以及我們在其他川普企業持股的回應時，他說：「你們光是從海岸港和海灘港土地份額，就已經是無價之寶。如果他們真的沒有要為你們做些什麼，你們必須控告他們。」

我不知道地租是什麼，更不用說我在兩份契約裡都有份，但我知道無價的意思，且我信任爾文。根據他的建議，佛瑞茲和我做了決定。

歷經數月，我姪子威廉仍在住院，而佛瑞茲和麗莎忙得焦頭爛額。我告訴他，我會處理好這件事；當天下午，我便打電話給羅伯特。

「你們能做些什麼嗎，羅伯特？」我問。

「簽了遺囑，走著瞧。」

「真的嗎？」

「妳爸死了。」他說。

「我知道他死了，羅伯特，但我們沒有。」我痛恨自己要講這句話。

他愣了一下，說：「瑪麗安、唐納和我只是單純地遵照父親的遺願，你們的祖父不想讓妳或佛瑞茲，尤其是妳媽，分得任何遺產。」

我深吸了一口氣說：「這樣毫無結果，佛瑞茲和我會聘請律師。」

好似開關被打開一般，羅伯特吶喊：「你們盡量放馬過來！」接著把話筒重重摔下。

翌日，我一回家就收到奶奶的答錄機訊息。她簡要地說：「瑪莉，是妳的祖母。」她從來沒有這樣自稱過，向來都是「奶奶」。

我馬上回電給她。

「妳叔叔羅伯特告訴我，妳和妳哥要提告，爭取妳祖父的兩成資產。」

我感覺被攻其不備，並未立即回應。羅伯特顯然打破我們的協議，並將他的內容版本告訴了我祖母。但我耿耿於懷的是，祖母說得好像我們爭取原本應該屬於我爸的資產份額是錯誤且不得體的。我很困惑——對於忠誠、對於愛，以及兩者的界線。我原本以為我是這個家庭的一分子，我全搞錯了。

「奶奶，我們還沒提出任何要求，我不清楚羅伯特是怎麼告訴妳的，但我們沒有要控告任何人。」

「你們最好不要。」

「我們只是試圖釐清而已，就這樣。」

「妳知道妳爸死的時候，值多少嗎？」她說：「分文不值。」

靜止片刻後，傳來喀嚓聲，她掛了我的電話。

第十二章
決裂

我拿著話筒呆坐在那兒，不知道接下來該怎麼辦。那是改變所有事情的關鍵時刻之一，無論是在那之前發生過的事，或是之後將會發生的事；事情太多，難以消化。

我打電話給我哥，當我聽到他的聲音時，眼淚奪眶而出。

他給奶奶打了電話，看看能否解釋我們真正追求的事物，但基本上只是重複（奶奶與我的）對話。但她掛電話前，罵他的方式稍微不一樣：「你爸死的時候，超級窮。」在我的家族世界，那（財富）是唯一重要的事。如果你唯一的人生貨幣就是錢，那也成了決定事情價值的唯一視角，有些人根據那樣的情境斷定我爸一文不值——即使是自己的親身骨肉。再者，如果我爸逝世時一貧如洗，他的孩子也不配享有任何遺產。

我的祖父擁有各項權力，包含在他認為適當的情況下改變遺囑。我的姑姑和叔叔也有充分權利遵守這份遺囑的指示，儘管沒有任何一人應該得到比我爸還多的遺產。要不是有幸出生在這個家庭，他們沒有一個人會是千萬富翁。檢察官與聯邦法官通常不會坐擁兩千萬美元的棕櫚灘別墅，行政助理不會在南安普敦擁有週末度假屋。（不過，說句公道話，瑪麗安和伊莉莎白是除了我爸之外，唯二不在家族企業闖蕩出一番成就的親戚。）

但她們的行為仍像是自己有權從我祖父的財產那邊賺到每一分錢一樣，而這些錢與她們的自身價值感更是密不可分，不可能放棄其中一項。

我們聽從爾文的建議，接洽納蘇郡（Nassau County）最大律師事務所「法瑞爾菲力茲」（Farrell Fritz）的合夥人傑克・巴諾斯基（Jack Barnosky）。傑克是一位自命不凡的男士，他同意接受我們的委託。他的策略是，證明我祖父在一九九〇年立下的遺囑必須撤銷：佛瑞德・川普簽署遺囑時的心智已不健全，且受到他孩子不當的影響。

我們擔任遺囑執行人不到一週，傑克就收到陸・勞里諾（Lou Laurino）的信；勞里諾是矮小精幹的凶悍律師，他是我祖父資產的代理人。我們打從出生以來就由川普管理公司提供的醫療保險被撤銷；川普家族的每一個人都受到該公司保障，而我哥更靠這筆保險支付我姪子的龐大醫療開銷。當威廉第一次病倒時，羅伯特允諾佛瑞茲，他們會照料一切，只要把帳單寄到辦公室就好。

撤銷保險是瑪麗安的主意，這對他們一點好處都沒有，只是徒增我們的痛苦，讓我們更焦慮。威廉那時候已經出院，但他的癲癇依然可能復發，這種疾病讓他不止一次心跳停止，嚴重到如果沒有及時施行心肺復甦術就可能回天乏術；他仍需要二十四小時的全天候照護。

我家族的人全都知道，但沒有一個人反對，就連我的祖母都默許；她和家族裡的其他人一樣，深諳這個重病的曾孫餘生的醫療照護開銷所費不貲。

佛瑞茲和我別無選擇，只好再興訟，爭取恢復威廉的醫療保險。這起訴訟需要負責照顧威廉的醫生和護士的書面證詞和宣誓書，這既耗時又很有壓力，最終還得面對法官。

勞里諾第一次抗辯時主張，撤銷保險是因為我們無權預期保險會永遠存在，那反倒像是一份祖父出於好心餽贈的禮物。他淡化威廉的病況，堅稱陪伴威廉且不止一次拯救威廉性命的全天候看護，只不過是價格過高的保母。他說，如果佛瑞茲和麗莎擔心他們的小男嬰可能癲癇復發，或許應該學會心肺復甦術。

那些書面證詞對我們沒有幫助，我無法相信傑克是多麼糟糕的談判員。他跟不上談話節奏，還會突然轉移話題。儘管佛瑞茲和我幫他準備好了列有多項問題的清單，他幾乎從未提及。羅伯特比上一次和我說話時還要冷漠，重申我祖父對我母親的憎恨，且以此作為他（我的祖父）拒絕分配遺產（給我爸）的主要考量；瑪麗安則惱火地形容我和我哥是「不在籍孫子」（absentee grandchildren）。我回想她在我拜訪祖母時，每一次打電話到大宅的情景；如今，我終於明白，她從來沒請祖母轉達問候的原因。她說，我的祖父不爽我們，因為我們從來沒有花時間陪伴我們的祖母，完全忽視過去十年的事實。我的祖父顯然也痛恨佛瑞茲從來不打領帶，以及我在青少年時期穿著寬鬆毛衣和牛仔褲。當唐納宣誓作證時，他不知道或記不得任何一件事，他多次運用「忘記」策略來規避責罵或監察。他們三人都在宣誓的書面證詞中表示，我的祖父直到過世之前，都依然「思維敏捷」。

那時候，伊莉莎白姑姑巧遇一位家族友人，此人事後向我哥轉述姑姑和他說的話：「你知道佛瑞茲和瑪莉在搞什麼嗎？他們只在乎錢。」當然，遺囑攸關金錢，但在只有一種貨幣的家族裡，遺囑也事關愛。我以為，伊莉莎白或許可以理解，畢竟她沒有權勢，她在該情況下的意見對任何人而言都不重要，除了我和我哥之外；但她依循家規的方式，仍讓我們很難過。即便是個沉默無權的盟友，也好過孤軍奮戰。

約莫兩年後，訴訟費漸增卻無任何形式的和解進展，我們必須決定，是否和家人對簿公堂。威廉依然病重，審訊需要聚精會神，但我哥無暇因應；我們不甘願地決定和解。

瑪麗安、唐納和羅伯特表示，除非我們同意讓他們購買，屬於我們從我爸那邊繼承所占比例的資產，否則拒絕和解；這些資產即為「迷你帝國」中屬於他的百分之二十，以及「無價的」地租。

我的姑姑和叔叔將一份物業估價交給傑克・巴諾斯基，他和陸・勞里諾根據他們的數據，擬定一個可能立基於虛報數字的和解金額。傑克告訴我們，不對簿公堂，這是我們能預期的最佳結果。「我們知道，他們在說謊，」他說：「但這就是各說各話，而你們祖父的遺產價值僅約三千萬美元。」這是羅伯特一九九九年透露給《紐約時報》的十分之一價碼，結果其實只是遺產實際價值的百分之二十五。

佛瑞德無疑相信，我爸被給予和唐納相同的工具、一樣的優勢和同等的機會。如果佛瑞迪將之全部拋棄，那就不是他父親的錯。不過如果不管家族的干預，我爸持續當個差勁的供應者，我哥和我應該自認幸運，因為我們擁有我爸在世時無福揮霍的信託基金。在那之後發生的任何事，都與佛瑞德無關。他已經盡力了，我們無權奢求。

官司還在進展之際，我收到消息，奶奶在短暫的病痛後，於二〇〇〇年八月七日逝世於長島的猶太醫療中心，跟我的祖父一樣。她病歿時，享壽八十八歲。

如果我早知道她病了，我想我會試著去探望她，但事實上，她並沒有要求見我，顯見我倆如何瀟灑地放下彼此。我們打從最後那一通電話之後，就沒再說話；正如我也沒再跟羅伯特、唐納、瑪麗安或伊莉莎白說話，我也從來不願嘗試。

佛瑞茲和我決定參加奶奶的葬禮，然而，我們知道自己不受歡迎，遂站在大理石學院教堂後方、人滿為患的其中一個廳堂裡。在唐納的幾名護衛陪同之下，我們透過閉路監視器觀看儀式。

悼詞中值得注意的，是未被提及的部分。字裡行間有許多關於我祖父母會在天堂團圓的祝福，但我爸完全沒被提到，甚至沒有出現在我祖母的訃聞中。

奶奶逝世幾個星期後，我收到奶奶遺囑的影本。那簡直是我祖父遺囑的複本，只有一處不同：我哥和我已經被排除在她的孫子遺贈之外。我爸和他的整個嫡系血脈已然遭到剷除。

第四部

最糟的投資

第十三章
政治攸關個人

近十年過去，我在二〇〇九年十月，堂妹伊凡卡與妹夫傑瑞德．庫許納的婚禮上，再次見到我的親戚。我不知道為何我會收到邀請卡——它印在川普集團酷愛的大型信封上。

隨著禮車駛離我坐落於長島的家，前往唐納位於紐澤西州貝德明斯特的高爾夫球俱樂部之際，我仍不確定該期待什麼。唐納那間高爾夫球俱樂部，詭異地狀似大宅。引座員走上前來，分發黑色披肩，讓我披在肩膀上，以免顯得太裸露。

戶外儀式在大型的白色帳棚下舉行，鍍金的椅子分兩邊，整齊地排在鍍金鑲邊的走道地毯兩側。傳統的猶太教婚禮儀式以白玫瑰點綴裝飾，會場幾乎和我家一樣大。唐納頭頂上戴著「亞莫克帽」（yarmulke，譯注：猶太男子佩戴的圓頂小帽），尷尬地站著。在交換誓詞之前，傑瑞德三年前才剛出獄的父親查理（Charles）起身告訴大家，傑瑞德第一次將伊凡卡介紹給他認識時，他認為她永遠不夠格嫁入他的家族。在她皈依猶太教且經過一番努力後，他才開始認為，她有可能值得成為庫許納家族的一員。查理曾犯下僱用一名妓女色誘他的妹夫，錄下兩人的不法勾當，且在他姪兒的訂婚派對上，將影片傳給自己妹妹的罪行；我認為，他自視甚高的態度有些過火。儀式過後，我哥、我大嫂和我一起走進俱樂部。

我沿著走廊行走時，便看到羅伯特叔叔。我和他的上一次交集，發生在一九九九年的那通電話中，那時我告訴他，佛瑞茲和我決定聘請律師，針對祖父的遺囑興訟之後，他掛了我電話。當我走近他時，他竟然對我微笑，這讓我感到訝異。他伸出手，接著傾斜垂下——就算我穿著高跟鞋，他還是比我高——他握了我的手，接著親吻我的臉頰，這是典型的川普式問候。

「親愛的！妳好嗎？」他爽快地說。在我回答之前，他已經開口，說道：

「妳知道嗎？我一直在想，家族失和的追訴時效已過。」接著，他踮起腳掌，單手握拳，啪地一聲，打向另一隻張開的手掌，不是很精確地模仿我的祖父。

「對我而言，聽起來不錯。」我說。我們輕鬆對談了幾分鐘，結束後，我上樓走到雞尾酒接待區；在那兒，我發現唐納正在跟我認得的一位市長或州長交談，但我記不得那是誰了。

「嗨，唐納。」我走上前去跟他們打招呼。

「瑪莉！妳氣色不錯。」他和羅伯特一樣，握了我的手，親吻我的臉頰，說道：「很高興見到妳。」

「我也很高興見到你。」慶幸我們之間的交談還算愉快且有禮，確認這點之後，我讓位給長長人龍的下一位，有些人等著恭賀新娘的父親。《誰是接班人》剛播畢第八季，所以許多人很可能只是來拍照。「玩得開心！」他在我離去漸遠時，高聲呼喊道。

接待酒會在大型舞廳舉行，距離開胃菜有點遠。遠遠地，我看到伊莉莎白姑姑追著她的老公跑；我們對到眼，我遂對她揮揮手。她也對我揮揮手，說道：「嗨，親愛的。」不過，她並沒有停下腳步，這是我最後一次看到她。我走過旗海飄揚和地板擦得閃閃發亮的舞池，終於在舞廳邊緣找到我的座位，那是第二張準備給堂兄弟姐妹的桌子。遠遠的，我可以聽見直升機起降，螺旋槳嗡嗡作響的聲音。

第一道菜上桌後，我決定去找瑪麗安。當我穿梭在桌子之間時，唐納上台敬酒。要不是我知道他在講誰，我會以為他在為祕書的女兒敬酒。

我找到了瑪麗安，接著停頓了一會兒。佛瑞茲和我獲邀出席伊凡卡的婚禮，絕對得經過瑪麗安第同意。她一直到我站在她面前時，才看到我。

「嗨，瑪麗安姑姑。」

她花了幾秒鐘才認出我是誰。「瑪莉。」她臉上沒有笑容，表情僵硬地說：「妳好嗎？」

「一切安好。我的女兒剛滿八歲，而且……」

「我不知道妳有個女兒。」

她當然不知道我有個女兒，也不知道我在祖父的葬禮後，曾和一名女性結婚，女性共同撫養我的女兒，但我已和她離異；她更不知道，我最近剛取得臨床心理學博士學位。但她表現得好像知道這些事對她而言是一種侮辱。我們接下來的短暫對話也同樣緊張，她提到伊凡娜錯過伊凡卡的婚前派對，接著她低聲說道，她不能透露原因。

我返回我的座位，驚覺我點的素食餐點沒有送來，於是我點了一杯馬丁尼取而代之，這些橄欖就能讓我心滿意足。

過沒多久，我看到瑪麗安彷彿執行任務般，毅然朝我們走了過來。她直接走到我哥面前說：「我們需要把話說開。」她接著比了個包括我的手勢說：「我們三個。」

伊凡卡和傑瑞德的婚禮過後幾個星期，佛瑞茲和我前往瑪麗安坐落上東城的公寓，會見她和羅伯特。我不曉得羅伯特會在，但我想他可能打算履行他所謂的家族失和「追訴時效」已過的允諾。我把它當作好兆頭，但隨著下午時光流逝，我變得不太肯定。我們並未討論任何相關事務，當我們坐在能欣賞中央公園和大都會藝術博物館壯觀景致的客廳裡，瑪麗安提到那場過去會以「決裂」指稱的官司，但沒有人想要詳談。

羅伯特坐在椅子上，身體前傾；我當時想著，終於要開始討論大夥兒避而不談的議題了；孰料，他講了一段故事。

十年前，羅伯特還在唐納財務困頓的大西洋城賭場工作之際，他的投資人責怪他，銀行向他討債，他的私生活一團糟。情況最糟糕的時候，唐納曾打電話給羅伯特，提出一個請求。

「聽著，羅伯特，我不知道這會如何結束。」他說：「但很難說，我可能心臟病發猝死。如果我發生什麼事，我希望你幫我確保瑪拉不受牽連。」

「沒問題，唐納。告訴我，你要我做什麼。」

「給她一千萬美元。」

我心想：天哪，那是一大筆錢！與此同時，羅伯特說：「真是個虛偽的混蛋。」

羅伯特笑著訴說這段回憶之際，我呆坐在那兒，想著這群人到底多有錢。就我上次聽到的說法，一千萬美元相當於我祖父全部資產的三分之一。

「那時候，唐納打電話告訴我，我是他最喜歡的三個人之一，」瑪麗安說：「他顯然忘記自己有三個孩子。」（當時蒂芬妮和巴倫〔Barron〕還沒出生。）

我們再也沒見過羅伯特，但佛瑞茲和我偶爾會分別或一起和瑪麗安共進午餐。我這一生頭一遭有機會好好認識我姑姑。那是自從我幫唐納寫書，而和他共處多時之後，我再次稍稍覺得自己是這個家的一分子。

二〇一七年四月，我姑姑的生日派對過後幾個月，我在客廳綁緊運動鞋的鞋帶時，前門的門鈴響了。我不知道我為何會應門，我幾乎從未理會。百分之七十五的機率會是耶和華見證人（Jehovah's Witness）或耶穌基督後期聖徒教會（俗稱摩門教，Mormon）傳教士；其他時候，則是有人希望我簽名連署。

開門後，我印象中的畫面是，一位女子站在門前，她頂著爆鬈金髮，戴著黑框眼鏡，我不認識這個人。她的卡其色正式襯衫和郵差包，讓她在洛克維爾中心（Rockville Centre）顯得格格不入。

「嗨，我是蘇珊娜．克雷格，《紐約時報》記者。」

記者們在很長一段時間之前，就已經不再聯繫我。除了《瓊斯夫人》（*Mother Jones*）的大衛．寇恩（David Corn）、《前線》（*Frontline*）的某人，要不就是會在選舉前夕留下訊息的《內幕報導》（*Inside Edition*）記者。無論我就我的叔叔發表什麼意見，都不會在二〇一六年十一月之前影響大選；現在怎麼會有人想聽我的話？

這般徒勞讓我煩躁，所以我說：「妳不可以逕自找上門來。」

「我知道，很抱歉，我們正在調查關於你們家族財務狀況的重大新聞，我想妳真的可以幫上忙。」

「我不能告訴妳。」

「至少收下我的名片吧，如果妳改變心意，隨時聯繫我。」

「我不和記者說話。」我說著，但還是收下她的名片。

幾週後，我撞斷左腳的第五節蹠骨。接下來的四個月，我形同軟禁在家的囚犯；我坐在沙發上，隨時都得把腳抬高。

我收到蘇珊娜·克雷格的一封信，內文重申她相信我擁有可以幫助她「改寫美國總統歷史」的文件，至少她是這麼說。我忽略了那封信，但她很堅持。

窩在沙發上一個月後，我滑著推特，背景不斷出現新聞；我同步觀看唐納打破規範、危害盟友且踐踏弱者。唯一令我訝異的是，越來越多人允許他這麼做。

在我目睹人們因為我叔叔的政策，導致我們的民主分崩離析且民不聊生之際，我一直想起蘇珊娜．克雷格的信。我找到她的名片，打電話給她。我告訴她，我想幫忙，但我沒有任何關於幾年前訴訟的文件。

「傑克．巴諾斯基可能還有。」她說。

十天後，我前往他的辦公室。

法瑞爾菲力茲律師事務所的總部，位於兩側半橢圓、中間長方體的兩棟藍色玻璃建築物中間，冷冽寒風吹襲廣闊的大型停車場。入口附近不可能有車位，所以（腳傷還沒好的）我找了一個必須拄著T型拐杖走十分鐘才到得了大廳的車位。我小心翼翼地上下電扶梯，行走於大理石地板上。

待我到達目的地時，已累得半死，且怒火中燒。三十個文件紙箱沿著兩面牆排列整齊，還有一座放滿書的書櫃。這個房間裡的其他物品，就是一組桌椅。傑克的祕書友善地放好一疊紙、一枝筆和一些迴紋針。最後，我放下背包，將T型拐杖倚著牆壁放好，幾乎跌坐在椅子上。沒有一個盒子上有標籤，我不知道該從哪裡開始。

我花了一個小時，才熟悉盒子裡的內容物並列好一份清單，這需要我坐在椅子上，在那個房間裡滑來滑去，並以單腳搬箱放到桌上。傑克經過時，我氣喘吁吁，臉脹得通紅，汗水也浸濕了衣服。他提醒我，我不能帶任何文件離開這個房間。「它們也屬於妳哥，我需要徵得他的同意。」這並非全然精確。

當他轉身離開時，我叫住他：「傑克，等一下。你還記得，我們當初為何決定和解嗎？」

「這個嘛，你們擔心花費，還有妳知道的，我們不接突發事件的案子。雖然我們都知道，他們在說謊，但那就是『各執一詞』。此外，妳祖父的資產只值三千萬美元。」歷經近二十年，他幾乎是逐字地轉述他當時說的話。

「喔，好吧，謝謝。」我當時手上拿著得以證明祖父逝世時，資產逼近十億美元的文件，只是我那時候還不知道。

在我確認他離開之後，我抓起祖父的遺囑、存取訟案所有書面證詞的磁碟片，以及我祖父部分的銀行帳戶紀錄，全塞進我的包包裡；這些全都是因為這宗訟案，我依法擁有的物品。

蘇珊娜隔天來我家裡拿文件，並給了我一支預付費用的拋棄式手機，以便我們日後可安全無虞地聯繫。我們不願冒任何風險。

我第三趟去法瑞爾菲力茲律師事務所時，井然有序地翻找每一個紙箱，發現每份文件都有兩份副本。我將這件事告訴傑克的祕書，並建議不需要經過我哥的同意，這會讓彼此如釋重負，畢竟我不想讓他受到牽連。如果他想要的話，我會留一套文件給他，但這種情況未必會發生。

我才剛開始根據《紐約時報》所需要的素材清單尋找時，就收到傑克的訊息：我可以取用任何文件，只要留下一份副本就好。我還沒準備好，事實上，我打算在下午一點在我家見過蘇珊娜以及另外兩位與她合作撰寫這篇報導的同事羅斯・布特納和大衛・巴爾斯托之後，再決定我要悄悄拿走什麼文件。我傳簡訊告訴蘇珊娜，我會晚點回家。

約莫下午三點，我把車開到大樓地下室的卸貨平台，將十九個紙箱裝進我借來的卡車後車廂裡；會開卡車是因為（腳傷讓）我無法操作我自己車裡的離合器。

當我把車停進自家車道時，天色才剛要暗下來。那三名記者在大衛的白色休旅車裡等我，那台車酷炫地裝了一對馴鹿鹿角，還在水箱罩上綁了紅色大鼻子。當我把眾多紙箱秀給他們看時，他們全抱在一塊兒；那是我數月以來感到最幸福的時刻。

當蘇珊娜、羅斯和大衛離開後，我累壞了，但也鬆了一口氣。那是暈頭轉向的幾週，我還沒完全意識到，我冒的風險有多大。如果我家族的任何人發現我的所作所為，他們肯定會報復；我知道他們的心腸有多壞，但無法設想後果可能有多嚴重。和他們幹過的事情相比，簡直是小巫見大巫。我終於感覺到，我終究可能帶來重大改變。

以前，我能做的事情都不足以造成影響，所以我壓根兒沒有努力嘗試。無論是好是壞，都微不足道。你所做的一切都必須非比尋常，你不能只是一名檢察官，你必須是國內最好的檢察官，且必須是聯邦法官；你不能只開飛機，你必須在噴射機時代初來乍到之際，擔任主要航空公司的專業機長。有一段很長的時間，我怪罪祖父讓我有這種感覺。但是，我們都沒有人察覺，在我祖父眼中「最好的」企盼，只適用於（一敗塗地的）我爸，和（遠超越佛瑞德預期的）唐納。

當我終於意識到，祖父並不在乎我的成就或貢獻，而我卻為自己不切實際的期望而氣餒時，我仍然覺得，只有崇高的作為才能補救。我在協助敘利亞難民的組織裡當志工，對我來說還不夠，我必須拉下唐納。

大選過後，唐納打電話給他的大姐，表面上想了解自己做得如何。當然，他心中早就有了答案，否則不會主動打電話。他只想要得到她非常強烈的認可，確認他做了很出色的工作。

當她說：「不是那麼好。」唐納暴怒。

「下流！」他喝斥。她可以看見他鄙視的面容。接著，他冷不防地問她：「瑪麗安，要是沒有我，妳會在哪裡？」這是一種自鳴得意的事實，指瑪麗安應該感激唐納，因為（唐納的私人律師）羅伊．柯恩這些年來幫忙他（和她），讓她得到第一個聯邦法官的身分。

我姑姑總是堅稱，她靠自己的能力贏得法官頭銜，她駁斥他說：「你要是再說一次，我會毀了你。」

不過，那只是在撂狠話。即便瑪麗安向來自詡是唐納在地球上唯一聽從的人，那些日子已不復存在，且就在不久之後的二〇一八年六月，唐納與北韓領導人金正恩舉行第一次峰會前夕，瑪麗安致電白宮，留言給他的祕書說：「告訴他，大姐打電話來要給他親密的小建議：做好萬全準備，向那些知道自己在做什麼的人們學習，遠離丹尼斯・羅德曼（Dennis Rodman），並把他的推特留在國內。」（譯注：美國職籃NBA退役球星「小蟲」羅德曼，自稱是金正恩的好朋友。）

他全都沒聽進去。政治新聞網站《政客》翌日的標題寫道：「川普說，川金會攸關『態度』，而非準備工作」。瑪麗安就算曾對她的弟弟具有影響力，如今顯然已蕩然無存。除了為不可或缺的生日祝賀致電，他們在那之後沒再講過話。

當他們撰寫報導時，《紐約時報》記者邀請我加入他們清點我祖父房地產的行列。二〇一八年一月十日上午，他們開著大衛的休旅車，鹿角和紅鼻子裝飾還在，到牙買加火車站來接我。在那一天當中，我們從我成長的海蘭德開始，穿越冰霜風雪，盡可能努力走訪川普帝國的版圖。

九個小時過去，我們還是沒走完全部。我已經把T型拐杖換成手杖，但我回家時還是累壞了，身心俱疲。我思考著我所見的一切，試著理清頭緒。我早就知道祖父擁有多棟建築，但不清楚確切數目。更惱人的是，我爸顯然曾經擁有這些我從沒聽說的建築物的百分之二十所有權。

二〇一八年十月二日，《紐約時報》刊登一篇將近一萬四千字、史上最長篇幅的報導，揭露我的祖父、姑姑和叔叔們長期涉入的一連串潛在詐欺與犯罪活動。

透過《紐約時報》團隊精彩的報導，我了解到以前從來不知道的家族財務狀況。

唐納的律師查理斯・J・哈德（Charles J. Harder），不出所料地否認所有指控，但調查記者列出毀滅性事證。在佛瑞德一生當中，他和我的祖母匯出數億美元給他們的小孩。我的祖父還在世時，光是唐納就有價值四億一千三百萬美元的身家，許多匯款來自可疑的方法：從未償還的貸款、從未到期的房地產投資，尤其是未稅贈與，這還不包括他賣掉我祖父的事業帝國所獲取的一億七千萬美元。報導中提及的金額令人費解，而這四名手足數十年來都有受惠。我爸早年顯然共享這些財富，但等到他而立之年已所剩無幾，我不知道他的金錢流向。

一九九二年，就在唐納試圖將遺囑文件附加上我祖父的遺囑，以期有效地排除他的手足兩年後，這四人突然需要彼此；歷經了他們父親長久以來的挑撥離間，他們終於有了共同目標，即保護繼承財產不被政府奪走。佛瑞德拒絕聽從律師的建議，在他生前分割他的帝國控制權給他的孩子，好讓遺產稅減到最低。這表示，瑪麗安、伊莉莎白、唐納和羅伯特可能要負擔潛在的數億美元遺產稅。除了數十棟建築之外，我的祖父累積了大筆財富。他完全沒有負債，且每年賺進數百萬美元的收益。川普手足間的解決方案是成立「全郡建築補給維修公司」（All County Building Supply & Maintenance）。那時，我的祖父因為每下愈況的失智症，完全被排除在外，而不是因為他反對他們的圖謀。我父親逝者已矣，而瑪麗安、唐納和羅伯特可以為所欲為，他們是我們的託管人，但沒有人強迫他們履行對佛瑞茲和我的義務，而且他們可以輕易地將我們排除在決策圈之外。

根據報導，我姑姑、叔叔和他們的爸爸一樣痛恨繳稅，而「全郡建築補給維修公司」的主要目的，就是透過偽裝為「合法商業交易」的許多大禮，從「川普管理公司」汲取錢財。這套詭計很有效，在佛瑞德於一九九九年逝世時，他只有一百九十萬美元現金，且沒有任何資產大於來自唐納的一千零三十萬美元借條（IOU，承認債務的非正式文件）。奶奶逝世隔年，我祖父母的合併資產據說有五千一百八十萬美元，這是可笑的主張，特別是川普手足四年後以超過七億美元賣掉（我祖父的）帝國。

我祖父對唐納的投資在短期內非常成功，他有策略地在唐納「事業」的幾個關鍵時刻，部署數百萬美元，甚至經常是數以千萬計美元。有時候，這些資金用以支持其形象或隨之而來的生活方式；有時則為唐納打通管道或取得好處。隨著頻率增加，他們必須金援他。透過這種方式，佛瑞德買到沐浴在唐納榮耀光輝之中的能力，深諳「要不是他的專業知識和慷慨，這一切不可能實現」，且對此感到滿足。我的祖父只有一個願望，就是他的帝國永續存在；但就長程看來，他失去一切。

無論何時，羅伯特與我們見面討論我祖父的資產時，他都會一再強調，要尊重祖父的遺願，即我們什麼都得不到。然而，當觸及川普在世手足的利益時，他們一點也不內疚，無法達到維護我祖父最低的要求；唐納宣布有意賣掉（我祖父的帝國）時，無人反對。

二〇〇四年，我祖父花費七十多年興建的絕大部分帝國版圖，已經以七億零五百六十萬美元的價格，賣給單一買家魯比・施朗（Ruby Schron）。替施朗籌資的銀行評定，這些房地產約有將近十億美元的價值，但我那自詡為「談判大師」的唐納叔叔一舉賤賣，損失幾近三億美元。

把房地產整批賣掉是策略性的災難，最聰明的作法應該是維護川普管理公司的完整性。他們基本上不用做什麼事，四位手足每人每年就能賺進五百萬美元到一千萬美元。不過，唐納需要更大筆的現金進帳，這筆小錢，即便年年進帳，對他而言並不夠。

他們大可以分別販售大樓和複合建築，肯定會有附加價值，但過程難免漫長。唐納的大西洋城債權人對他窮追不捨，他不想等。此外，幾乎不可能保密數十筆交易，他們需要盡可能快速且低調地完成單筆銷售。

他們成功地辦到了，這可能是唐納唯一一筆沒有吸引媒體目光的房地產交易。無論瑪麗安、伊莉莎白和羅伯特可能曾有什麼反對聲音，但最後他們悶不吭聲。就算是現在，瑪麗安仍禮讓唐納——即便瑪麗安比唐納年長十歲，更聰明且才華洋溢。「唐納總是稱心如意。」她說。他們也沒有人甘冒等待的風險，他們都知道「屍體埋在哪裡」（譯注：意指必須謹守的祕密），因為全都埋在「全郡建築補給維修公司」。

銷售所得分成四份，他們每人分得約一億七千萬美元。對唐納而言，仍然不夠，或許對他們任何一人來說都不夠，向來如此。

二〇一八年九月，我在文章曝光前一個月左右拜訪瑪麗安，她提及（《紐約時報》記者）大衛．巴爾斯托曾聯繫她。我表哥大衛找到我祖父的老會計師傑克．米特尼克，如今高齡九十一歲的他，住在佛羅里達州一間養老院裡；我表哥大衛認為，米特尼克肯定就是爆料者。瑪麗安對整件事視而不見，認為該文章僅是關於一九九〇年的遺囑文件爭議。但是，如果她真的有和巴爾斯托談過，她肯定知道他們想要查找的範疇，即可能涉及稅務詐欺的「全郡公司」，但她看似泰然自若。我那時疑惑，為何她和羅伯特沒有動用權勢，勸退唐納競選總統，但我現在已經有了截然不同的看法。他們當時不可能以為，他（乃至於他們）可以持續規避審查。

報導出爐後，我很快地再次見了瑪麗安。她全盤否認，到頭來，她只是個

「女孩」。當一份需要她簽名的文件遞到她面前，她就簽了，什麼問題也不過問。「那篇報導回溯六十年前的事，妳知道那是在我當法官之前的事。」她說得好似調查也在六十年前結束了一般。她似乎沒想到會有任何後果，儘管法院針對她被指控的情事啟動調查，但她只要退休就能解決這個問題；而她果真退休了，且保有每年二十萬美元的退休金。

在過渡期間，她將爆料嫌疑者從老態龍鍾的米特尼克，轉向她的大表哥約翰·華特（John Walter），華特是我祖父的姐姐伊莉莎白的兒子；華特於二〇一八年一月逝世。我對瑪麗安如此輕易下結論感到詫異，華特為我的祖父工作數十年，廣泛地受惠於他舅舅的財富，且在很大的程度上涉入「全郡公司」；就我所知，他向來非常忠誠。我認為，她影射他很奇怪，雖然她這樣的懷疑對我有好處。我當時不知道，華特的訃聞忘了提及唐納。華特向來對川普家族的歷史很感興趣，且誇耀他與川普管理公司的關係，這項遺漏因此啟人疑竇。

更令人訝異的是，瑪麗安竟然沒有想過，我可以找到關於文章內容的素材，正如同她相信遭抹殺的事實與被改寫的歷史事件版本。她沒料到，揭露這些事實會怎麼在任何方面影響到我。

事實上，這窩親族可能竊取的大筆財富，讓他們就我祖父的遺囑對抗我們；他們大幅壓低我們的合夥股份（我現在才首度得知），只不過是病態的小心眼，後來他們剝奪我們的醫療保險、無視我姪子的就醫權益，才真正顯露了他們殘酷的本性。

第十四章　公宅裡的公僕

康莊大道始於大宅，通往川普大樓的三層樓中樓閣樓，再到西翼；正如始於川普管理公司到川普集團，入主橢圓辦公室的錦繡前程。前者，基本上是精準控制的環境，在那裡，唐納的物質需求總是被呵護得無微不至；後者則是一系列閒差，所有事情都由別人幫唐納打理好，唐納不需要取得或維持能力（這解釋了他不屑他人專業的原因）。這一切讓唐納不會失敗，也讓他相信自己締造了成功。

唐納對我祖父的意義，宛如（美國與墨西哥）邊境城牆對唐納的意義：砸重金追求的虛榮計畫。佛瑞德心智正常時，並不準備讓唐納繼承衣缽，他無法將川普管理公司託付給任何人。他利用唐納塑造公眾形象，彌補自己受阻礙的野心，儘管唐納挫敗連連且判斷力奇差。佛瑞德一直支持著唐納虛妄的成就感，直到唐納唯一的價值淪為容易被有權勢的男人欺騙利用。

想要利用他的人，比比皆是。一九八〇年代，紐約的記者和八卦專欄作家發現，唐納無法分辨嘲諷與恭維的話語，且利用其厚顏無恥來增加報紙銷量。這種形象及其代表的脆弱男性，特別吸引電視製作人馬克・布奈特。二〇〇四年，《誰是接班人》首播時（即使唐納與手足變賣我祖父的資產，並分得一億七千萬美元之後），他的財務狀況仍舊一團糟，他自己的「帝國」由越來越多孤注一擲的品牌嘗試建構而成，如「川普牛排」、「川普伏特加」，以及「川普大學」等；這讓他淪為布奈特的箭靶。《誰是接班人》罔顧所有證據，將唐納刻畫為成功的企業鉅子，讓唐納和觀眾都淪為笑柄。

在他頭四十年的房地產生涯裡，我的祖父從未負債。但在一九七〇到一九八〇年代，隨著唐納的野心變大且失策的頻率增加，一切產生劇變。他不僅沒有擴大他父親的帝國版圖，他入主川普大樓之後所做的每一件事，都讓帝國的價值減損（連同他第一個開發案「凱悅酒店」，若無佛瑞德的資金和影響力，絕不可能完成）。時至一九八〇年代晚期，川普集團似乎不斷虧損，實則為唐納不斷從川普管理公司祕密轉出數百萬美元，藉此支持他空泛的房地產和交易大師的幻想。

諷刺的是，隨著唐納在房地產的損失擴大，我祖父更需要營造唐納成功的假象。佛瑞德讓唐納的身邊圍繞著知道他們在做什麼的人們，並把功勞讓給唐納；這些人扶持他，為他說謊，且深諳家族企業的營運狀況。

我的祖父投資越多錢在唐納身上，唐納越有自信，這讓他越來越大膽追求風險更高的項目，失敗的代價也越大，迫使佛瑞德介入並提供更多協助。我的祖父一再縱容唐納，唐納每下愈況；讓他更渴求鎂光燈焦點和自由資金，益發自我膨脹且幻想自己的「偉大」。

雖然「拯救唐納」最初是佛瑞德的專屬職責，但銀行不久後就成為此項目的夥伴。最初，取信於唐納堅決完成工作的能力與效率，銀行與佛瑞德真誠良善地運作業務。但隨著唐納多次宣告破產，魯莽投資的帳單到期，貸款持續增加，這種刻意維持成功假象的方式漸漸露出馬腳，而銀行與佛瑞德打從一開始就被這種幻象所蒙蔽。可以理解，唐納逐漸覺得他占上風，即使他其實沒有。

他完全沒注意到，人們是為了私利而利用他，而他竟深信一切都在他的掌握之中。佛瑞德、銀行和媒體給了他更多轉圜餘地，藉此讓他替他們投標。

在唐納試圖拿下康莫德酒店的初期階段，他召開記者會，公布他涉足此案已成定局。他謊稱這筆尚未發生的交易沒有他不行，他和佛瑞德藉著他在紐約媒體圈剛闖出的名號，還有我祖父的大筆錢財，出了險招，為他下個項目川普大樓省下大筆稅賦。

在唐納心裡，他憑藉自己的優點達成每項成就，儘管裡頭充斥欺騙。他接受過多次訪問，皆公然謊稱他的父親只借了他一百萬美元，事後他還得清償這筆錢，而所有成就都屬於他一個人的。不難理解他為何對此深信不疑，身為一個日益縮小的自由世界領袖，沒有人能像他一樣，總是始終如一地犯下驚人的失敗，然後「幸運地」絕處逢生。

今日的唐納就像他三歲時一樣：沒有成長、學習或進步，無法調節情緒、控制回應，也未能接納或彙整資訊。

唐納亟需受人肯定，他似乎沒發現，他絕大部分的支持者，都是他在集會活動之外，不願屈尊看上一眼的人。他根深柢固的不安全感，造就了他持續需要讚美之光的黑洞，但這些讚美被他吸入後就會消逝。他貪得無厭，這遠超過了普通的自戀；唐納不僅軟弱，他的自我也很脆弱，需要隨時支持，因為他心底明白自己表裡不一。他知道，他從沒被愛過，所以他必須拉你進來認同他，即使是極其微不足道的事：「這架飛機很棒，不是嗎？」「是的，唐納，這架飛機超棒。」如果要在這種雞毛蒜皮的小事上反對他，就太無禮了。接著，他會把他的弱點和不安全感變成你的責任，你必須緩和他的這些情緒並照顧他。如果做不到，就會形成他難以承受許久的真空。如果你是在乎他認可的人，你就會說些什麼來挽留。他傷得很重，而你若不盡己所能緩和這些痛苦，你也必須承受。

從他在大宅的兒童時期，到他早期闖蕩紐約房地產世界，以及今日的上流社會，唐納的脫序行為持續被別人正常化。當他在紐約房地產界闖蕩時，他自詡為自信滿滿、白手起家的談判大師。「蠻橫」（brash）一詞，對他而言是一種讚美（用以表示自信，而不是無禮和傲慢）。事實上，他既非白手起家，也不是談判大師，然而一切就這樣揭開了序幕，始於他對語詞的濫用，而媒體未能提出尖銳質疑。

他真正的技能（自誇、說謊和靈巧手腕）被解讀為他個人品牌成功的獨特優勢。為了讓他得以繼續講述攸關自身財富與後續「成就」版本的故事，先是我們家族替他粉飾，其他人接續啟動讓唐納正常化的過程。另外，他僱用（和對待）無證勞工，拒絕於完工後支付包商款項，竟被合理化為做生意的代價。待人尖酸刻薄且不給予尊重，也讓他表面上看起來強悍。

這些不實陳述在那時肯定看似無傷大雅——不過是讓《紐約郵報》銷量更好，或讓《內幕報導》擴大觸及讀者的一種方法——但每一次的違法都難以阻止更嚴重的下一次災難。他認為這種策略是合法算計，而非道德淪喪的詐欺，這也是他和我祖父數十年來建構的模式。

儘管唐納的本質天性未變，但他自從就職典禮以來所承受的壓力已發生巨大變化。這不是工作壓力，因為他沒有在工作，除了看電視或在推特上發文羞辱人，這是為了讓大家不要注意到他（對政治、內政或簡單的人性）一無所知，需要花費很大一番工夫；數十年來，他名氣響亮，有好有壞，但他很少像如今這樣成為被密切監督的對象，且從未面臨如此強烈的反對聲浪。這讓他對自己和整個世界的認知遭到質疑。

唐納的問題積沙成塔，因為解決問題或假裝問題不存在的技巧變得更複雜，也需要更多人替他圓謊。唐納完全沒有解決自身問題的能力，也無法隱瞞自己的證據。畢竟，這整個機制創設之初，就是用來保護他的弱點，而不是協助他對抗更寬廣的世界。

他昂貴且悉心受到呵護的「軟墊病房」（padded cell）開始瓦解，接近唐納的人比他還要脆弱、膽小，但一樣焦慮（譯注：軟墊病房是為了避免患者自殘，而在牆面鋪設軟墊的特殊病房）。他們的未來直接仰仗他的成功與分得好處，他們未能看見或拒絕相信事實，他們的命運將和那些過去效忠唐納的人一樣。看起來好像有無數的人願意投身加油團，保護唐納避免受阻於自己的不足，同時也讓他益發自我感覺良好。儘管打從一開始，更有權勢的人就將唐納放到受保護的位置，後來卻是由比他還要軟弱的人，讓他維持在那裡。

當唐納變成共和黨正式的提名人，接著成為候選人之後，全國媒體以娛樂手法探討他的病態（以及他的虛偽與浮誇妄想），還有他的種族歧視和厭女症，掩蓋了成熟與嚴肅的目的性。久而久之，大量共和黨人——從極右派到所謂的溫和派——都選擇視而不見，要不是奉承他，就是為了利用他的弱點和可塑性來達到他們自身的利益。

大選過後，（俄羅斯總統）普丁、（北韓領導人）金正恩，以及國會參議院多數黨領袖麥康諾，這些人全都具備近似佛瑞德的心理；他們看透了其他人應該要了解，卻沒有這麼做的方法，即唐納多變的人生經歷及其獨特的人格弱點，讓他極其容易被更聰明且有權勢的男人操縱。他的病態使他變得頭腦簡單，每天不斷告訴自己數十次他想告訴自己的話——他是最聰明、最偉大、最棒的人——可以為所欲為，無論是將兒童關進集中營、背叛盟友、推行摧毀經濟的減稅措施，或貶低對美國崛起有貢獻的企業，並虛浮輕佻地誇耀自由民主。

亞當・瑟維爾曾在《大西洋》（*The Atlantic*）的一篇文章中寫道，對唐納而言，重點是要殘暴。對佛瑞德來說，這完全正確。我的祖父除了賺錢以外，少數的樂趣之一就是羞辱他人。他堅信自己在所有情況下都是對的，他的信念獲得出色的成功且深信自己高人一等，他必須迅速果斷地解決所有質疑他權威的聲音，並告訴挑戰者，他們其實無足輕重，這在佛瑞德拔擢唐納而非佛瑞迪出任川普管理公司總裁時很有效。

不同於我的祖父，唐納總是在爭取正統性——過去是足以取代佛瑞迪，作為曼哈頓房地產開發商或賭場大亨；而今即使當了橢圓辦公室的主人，卻永遠無法逃避他完全沒資格的事實，或他的「勝利」並不合理的汙點。唐納在我祖父反覆地介入之下，一再累積失敗經驗，而他的一生始終為爭取他恐怕永遠無法贏得的合法性而掙扎，所以他轉換機制，確保沒人發現他根本缺乏正當性。這種情況從來沒有比現在還要來得更真實，這也是美國身處的難題：政府當前的架構，涵蓋行政部門、半個國會和最高法院大多數（的大法官），全在替捍衛唐納的自尊而付出，這儼然成為此政府的整體目的。

他的殘暴，有一部分是為了轉移大眾和他自己的目光，避免留意他失敗的真實程度；他的失敗越嚴重，他掩蓋的作為就益發變本加厲。比如說，誰會在他威脅驅逐吹哨者、強迫參議員漠視海豹部隊（Navy SEAL）上士艾迪·蓋拉格

（Eddie Gallagher）的罪狀並要求特赦之際，注意到他竟然在同時間允許在美墨邊境將兒童關進集中營？分化策略一向是他所擅長的，如果他能讓四萬七千個盤子同時在半空中轉動，誰又能真正地鎖定其中一個呢？

他的殘暴也運用在職務之中，他總是以此對抗比他軟弱的人，或受限職權而無法抵抗者。當他在推特上抨擊僱員和政務官時，僱員和政務官無法反抗，因為這可能賠上飯碗或名聲。佛瑞迪出於對子女的責任和得體的舉止，無法反駁弟弟嘲笑他對飛行的熱情；正如同（民主黨掌握的）「藍州」在新冠肺炎危機之際，亟欲為州民爭取聯邦援助，克制批評唐納的無能，生怕他會收回呼吸器等必要救命設備。唐納打從很久以前就學會如何挑選他的目標。

唐納持續徘徊在害怕冷漠、恐懼失敗的黑色空間中，這項「恐懼工程」花了四十二年才竣工，但其實地基很早就埋下了，其中，後者的經驗更造成他哥哥人生的毀滅，唐納歷歷在目，彷彿是他親身領受的創傷。他所目睹和經歷過的冷漠與失敗，始終讓他感到孤立無援猶如驚弓之鳥。恐懼在他兒時扮演的角色，及現在對他的影響，不容小覷。六十年前來自大宅的驚恐感，一直到現在仍壓倒性地主導著他的情緒。

每次你聽到唐納談論（他促成的）事情最偉大、最棒且最驚人，你都必須記得，這個男人在本質上仍是那個同樣讓人操心的小男孩；這個小男孩極其害怕像他大哥一樣，無法勝任要務，但他也終將因為自己的不足而毀滅。究其最深層的心理，他並不是在對他面前的觀眾自誇和虛張聲勢，而是只對一個人表現：他溘然長逝的父親。

唐納總是能夠一竿子打翻一船人並全身而退，他總是會說：「我比任何人都還了解〇〇〇，相信我」或是「沒有人比我還懂〇〇〇」。他獲准匆匆瀏覽核武、對中國貿易，以及許多他不懂的事情；他肆無忌憚地宣稱未經檢驗的新冠肺炎療法和藥物療效時，或罔顧事實、聲稱自己從未犯錯之際，都沒有受到實質挑戰。

當唐納掌握發語權，且不需要詳述前提，或展現自己真正了解其基本原則架構的情況下，很容易讓唐納的發言聽起來連貫且狀似知識淵博。這種（還有許多其他例子）媒體公訴在大選時也沒有改變，只要戳破唐納的謊言和無法無天的主張，或許就能拯救我們免於他的魔掌。有幾次，他被問到他的職位和政策（實際上都並非真實存在）能為國家做的事情時，他不但沒想過，甚至不曾展現過自己想去深入理解的打算。大選過後，他想到一招解決這類問答的方法，就是以「直升機講話」（chopper talk）取代白宮記者會和正式會議（譯注：唐納喜歡在搭乘總統專用直升機「海軍陸戰隊一號」〔Marine One〕之前，於白宮南草坪回答記者的提問），如此一來就可以利用直升機螺旋槳的噪音，假裝聽不清楚他不喜歡的提問。二〇二〇年，他的（新冠肺炎）疫情「記者會」很快就變成沾沾自喜、蠱惑民心和表達效忠的迷你造勢集會。他在記者會上否認已經造成數千人喪生的荒謬錯誤，謊報各方面的（防疫）進度，並讓因為他的政府拒絕發放足夠的防護裝備，冒險拯救國民的人們背黑鍋。即便數以十萬計美國人倒臥病榻，他仍杜撰勝利，甚至當作他精湛領導能力的證明。在許多人們認為他應該嚴肅或不苟言笑的場合，他仍拿預測模組和性醜聞女模特兒的雙關語開玩笑，或加碼謊報他的臉書粉絲人數。新聞媒體拒絕離開，少數敢於挑戰他的記者，即便只是簡單請教唐納攸關驚恐國度的「定心丸」，也因此遭唐納取笑，痛斥「下流」（nasty）。從佛瑞德主動鼓勵媒體不要挑戰唐納早期的破壞行經開始，到共和黨樂意對於他自二〇一七年一月二十日（宣誓就職）以來所做的一切貪腐行徑睜一隻眼閉一隻眼；川普的順遂人生，導致這個曾經偉大的國家經濟、民主與健康即將崩解。

在理解媒體與政治交織橫斷之際，我們必須摒棄唐納的「策略性光輝」理念，他現在沒有策略，也從來沒有過。儘管他利用選舉人優勢僥倖成功，但這場「勝利」沒有公信力，甚至不合法；他從未了解時代思潮的進展，他的大言不慚只是剛好與部分族群產生共鳴。如果說他在二〇一六年大選中有未竟之事，他仍會執意繼續照做，因為說謊、迎合大眾口味、欺騙和散布分化是他所知曉的全部。他無法調整或改變環境，就像他被人民選為「總統」一樣。他確實利用他向來擅長的偏執和憤怒取得好結果，比如他在一九八九年付費刊載於《紐約時報》的全版廣告，呼籲判處「中央公園五犯」（Central Park Five）死刑，但這並非出自他對法治的深切考量，而是個契機，讓他可以在具影響力且頗負盛名的「灰色淑女」（Gray Lady）版面上，貌似權威人士一般討論對這座城市非常重要的嚴肅議題（譯注：《紐約時報》因為報導莊重且嚴肅，而被暱稱為「灰色淑女」）。這種毫不掩飾的種族歧視手段，目的是在激起該城市已沸騰的種族仇恨。被貼上「中央公園五犯」的五名青少年，分別是凱文·理查森（Kevin Richardson）、安隆·麥克雷（Antron McCray）、雷蒙德·桑塔納（Raymond Santana）、柯瑞伊·懷斯（Korey Wise），以及尤瑟夫·薩拉姆（Yusef Salaam）；這五人經過真凶認罪和無庸置疑的DNA證據檢測後，終於被平反無罪。時至今日，唐納仍堅稱他們有罪，這又是他無法拋棄他所喜好論述的另一例證，即便這項論述已與事實不符（譯注：一九八九年四月，一名白人女性在紐約中央公園慢跑時，遭攻擊性侵。人們發現她時，她身受重傷，被壓在樹底下，頭骨碎裂，失血過多，奄奄一息。檢警當時鎖定一名西班牙裔和四名非裔青少年，這五人當時的年紀介於十四歲到十六歲不等。一九九〇年，被媒體稱為「中央公園五犯」的五名被告，被法院裁定有罪，先後入獄服刑。二〇〇二年，遭法院判處終身監禁的性侵犯馬提亞斯·雷耶斯〔Matias Reyes〕坦承他是當年性侵攻擊受害女子的真凶，經調查和DNA檢驗，中央公園五犯才得以洗刷冤屈）。

唐納將所有非難視為挑戰，且對招致撻伐的原委更變本加厲地渲染，宛若批評允許他做得更糟。佛瑞德欣賞唐納的倔強，因為這凸顯了他渴望在兒子身上看見的堅韌。五十年後，人們基本上會因為他災難性的決定和不作為而遭殃。數以百萬條性命危如累卵，他卻譴責聯邦政府未能提供個人呼吸器，揚言扣留對他不夠忠心的州長其所屬州的預算和救命設備；這些行為並不令我意外，然而一個人泯滅人性且有反社會人格的行徑所造成的後果，卻只換來噤若寒蟬的沉默，這讓我感到絕望，也提醒了我，唐納終究並非問題根源。

這是唐納向來都能安然度過失敗的最終結果，就連他罪過連連——對抗傳統、忤逆正派、違反法律和反抗人類，都會獲得獎勵。偽善的參議院就彈劾審判宣告他無罪，又是另一個不檢行為獲得獎勵的例證。

他心中的謊言，可能在他說出口時就變成真的，但終究是謊言。這只是他逃避責罰的另一種方式，而到目前為止，他每一次都逃過了。

後記

第十層地獄

二〇一六年十一月九日，我的絕望感在某種程度上源自於我肯定唐納的殘忍與無能將害死人。當時我猜測，他會陷入自己一手造成的災難，如他挑釁或因莽撞而導致原本可避免的戰爭。我不敢想像，有多少人願意認可他差勁的天性，造就政府批准綁架孩童、在邊境拘捕難民、背叛盟友等暴行。我無法預見全球性的疫情會無端出現，讓他有機會展現他異於常人的怪誕冷漠。

唐納最初因應新冠肺炎疫情的方式，凸顯他需要不惜一切代價縮減消極態度。恐懼——在我的家族裡等同懦弱——無論是現在的他，或三歲的他，都無法接受。當唐納陷入天大的麻煩時，（英語文法中的）最高級已無法形容（麻煩之大），當前情況和他對此事的反應都必須是獨一無二的，即便荒謬或愚蠢。在他治下，沒有一個颶風帶來比「颶風瑪麗亞」（Hurricane Maria）還要嚴重的水患（譯注：颶風瑪麗亞於二〇一七年九月肆虐波多黎各，造成至少三千人死亡，島民數月無電可用，美國總統川普卻因此一度考慮賣掉這個美國自治領地）。他的聯邦衛生與公共服務部（Department of Health and Human Services）在新冠肺炎疫情進襲華盛頓州的幾個月前，模擬一場「始料未及」的疫情。他為何這麼做？恐懼。

二〇一九年十二月，以及二〇二〇年一月、二月和三月，唐納因為自戀愛面子而未拖延腳步；他這麼做，是因為他害怕顯露軟弱，或未能傳達事事都「優秀」、「美妙」且「完美」的訊息。諷刺的是，他始終未能面對現實，難以避免地導致更大規模的失敗。在此情況下，數十萬人命喪生，世上最富裕國度的經濟很可能被摧毀。唐納不會承認錯誤，而是會改變規則以隱匿證據，並在過程中說服自己，他已經做得比其他人都還要好，只死了幾十萬人，而非兩百萬人。

唐納曾言「以牙還牙」，但他報復的對象往往都是他先去招惹的——例如他拒絕付錢的承包商，或他不願保護的姪女和姪子。就算他擊中目標，也會殃及無辜。

現任紐約州長安德魯．古莫（Andrew Cuomo）堪稱是美國因應新冠肺炎疫情的實質領導人，他犯下的罪不只是對唐納不夠逢迎；他展現出更好、更有能力的真正領袖風範，受人尊敬、有戰鬥力且令人敬仰，這讓川普難堪，更是罪大惡極。唐納無法讓古莫閉嘴或推翻他的決定，在他放棄領導國家因應新冠肺炎疫情的權力之後，他已經不具備反對州層級決策的能力了。唐納可以羞辱並抱怨古莫，但這位州長每一天的實質領導才能，都讓唐納更像不重要的悲慘小男孩——無知、無能、難以駕馭，且迷失在他自己的幻想之中。唐納為了抵銷這些無能為力和憤怒，所能做的事就是懲罰其他人。他會扣押呼吸器或偷走醫療用品，只因為這些州未對他卑躬屈節；如果紐約繼續缺乏醫療設備，古莫將會因此而難堪，我們其他人的後果也不堪設想。還好唐納在紐約市沒有太多支持者，就算有，這些人的生命也會因為唐納對怯懦而生的「報復」心態慘遭犧牲。唐納想要的，是有正當理由的報復，就此情境而言，形同大屠殺。

唐納扮英雄，或許容易得多。如果有人把前總統歐巴馬政府卸任前移交給他的疫情準備手冊，從書櫃上拿下來給他，憎恨或批評他的人，或許能夠原諒或忽視他無止境且駭人聽聞的行徑。如果他在取得第一手證據，得知病毒傳染力強、染疫存活率極高但疫情未獲控制之際，就提醒相關單位和州政府留意；如果他早點啟用一九五〇年的《國防生產法》（Defense Production Act），製造個人防護設備、呼吸器等因應國家最慘烈情況的必要設備；如果他允許醫療和科學專家出席每日記者會，清楚且誠實地說明實情；如果他確保所有必要機構都能具備系統性、由上而下貫徹的決策方，那麼大多數工作幾乎都不用他操心，他只要打幾通電話，發表一兩場演說並委派各事項就行了。他可能會被罵太謹慎，但我們大多數人會是安全的，且會有更多人存活。各州被迫向私人包商購買關鍵防疫物資，應該要由聯邦政府徵用這些物資，並透過「聯邦急難管理局」（FEMA）發配給私人包商，私人包商再重新販售這些物品。

當數以千計的美國人孤獨死去時，唐納卻忙著打探股市收益的消息。正如同我父親奄奄一息之際，唐納去看電影。如果他可以因為你的死而透過任何方式獲利，他會照做，接著忽略你死亡的事實。

為何唐納那麼久才有所作為？他為何無法嚴正地看待新冠肺炎？有一部分是因為他跟我的祖父一樣，缺乏想像力。疫情沒有立即影響到他，時時刻刻都在處理這場危機，並無助於他推動他偏愛的敘事：沒有人可以做得比他更好。

隨著疫情演進三、四個月，死亡人數飆上數萬人，媒體開始討論唐納對死者及其家屬缺乏憐憫心。事實很簡單，唐納根本沒有認同別人受苦的能力。敘述死者的故事會讓他覺得很無聊，同理新冠肺炎罹難者，將讓人們把唐納與死者的脆弱聯想在一起，這是他父親教他要鄙視的特性。唐納不會維護病患或性命垂危者，就像他不會讓自己陷入他爸和佛瑞迪的仇恨之間。或許更重要的是，對唐納而言，憐憫沒有價值，照顧其他人也沒有實質好處。大衛・寇恩曾寫道：「這一切對這個可憐且殘破不全的人而言，都是交易，一切都是。」

這是個原生家庭失敗的悲傷故事，我的叔叔不明白，無論是他或任何人，都有其內在價值。

在唐納的心裡，就連承認一個難以避免的威脅都表示脆弱。承擔責任會讓他遭受責難，做英雄——當個好人——對他而言，是不可能的。

他處理民權領袖馬丁・路德・金恩（Martin Luther King, Jr.）遭暗殺以來最嚴重內亂的情況亦然，這原本是一場唐納可以簡單戰勝的危機，但他的無知掩蓋了他化危機為轉機的能力，這是他任內第三場全國性災變。適當的回應是訴求團結，但唐納渴望分裂。這是他唯一知曉的生存之道，我祖父於數十年前，在讓他的孩子們彼此反目成仇後，確立了這一點。

明尼蘇達州警察德瑞克・沙文（Derek Chauvin）以膝蓋壓頸的方式，殘暴且冷漠地謀殺非裔男子喬治・佛洛伊德（George Floyd）；事後沙文更雙手插在褲袋裡，漫不經心地凝視攝影鏡頭。我能想見，唐納目睹這一幕時有多嫉妒，恨不得是他的膝蓋壓在佛洛伊德的脖子上。

唐納縮回他的舒適圈——推特和福斯新聞（Fox News）——站在遠處譴責，並受到象徵性或字面意義上的碉堡保護。他喝斥對方的脆弱之際，也展現了自己的弱點。他從來沒有擺脫他一直都是個驚恐小男孩的事實。

唐納的殘暴是內心極其脆弱的證明，且他此生一直在逃避。對他而言，除了樂觀和展現虛幻的力量之外，別無選擇，否則形同死路一條；我爸短暫的人生即為證明。這個國家正受到致命的樂觀茶毒，這種態度正是我祖父特意部署的武器，用以壓抑他病懨懨的妻子、折磨他垂死的兒子，並毀了他鍾愛之子——唐納·J·川普曾被療癒的心靈。

「一切都很棒。對吧，寶貝？」

謝詞

致出版社「西蒙與舒斯特」（Simon and Schuster），感謝強恩・卡普（Jon Karp）、埃蒙・多蘭（Eamon Dolan）、潔西卡・金（Jessica Chin）、保羅・狄波里托（Paul Dippolito）、林恩・安德森（Lynn Anderson），以及傑奇・紹（Jackie Seow）。

致WME，謝謝傑・曼德爾（Jay Mandel）和席恩—艾敘利・愛德華茲（Sian-Ashleigh Edwards）。

還要謝謝卡洛琳・萊文（Carolyn Levin）的仔細校對；《瓊斯夫人》大衛・寇恩（David Corn）的好意；達倫・安克羅姆（Darren Ankrom）傑出的事實查核；斯圖亞特・奧爾特奇克（Stuart Oltchick）告訴我美好的時光；機長傑利・勞勒（Jerry Lawler）訴說環球航空的美好歷史，以及瑪麗安・川普・巴瑞

（Maryanne Trump Barry）所有振奮人心的訊息。

我要感激戴尼斯・坎普（Denise Kemp）與我團結一致，感謝我母親琳達・川普（Linda Trump）的所有好故事。感謝蘿拉・屈爾斯（Laura Schweers）、戴比・R（Debbie R）、史黛芬妮・B（Stefanie B）和珍妮佛・T（Jennifer T）的友誼，和在我最需要她們之時的信任。感謝吉爾與馬克・納斯（Jill and Mark Nass）協助我們延續傳統。

致我最愛的「川比」（Trumpy），我每天都想你。

我深切感激泰德・布特洛斯（Ted Boutrous）第一次會面且相信動機；安妮・錢皮恩（Annie Champion）的慷慨和友誼；帕特・羅斯（Pat Roth）深思熟慮的反饋，感謝你出現在我的生命裡；安娜瑪麗亞・佛西爾（Annamaria Forcier）當我父親如此要好的朋友，我很慶幸找到妳；蘇珊娜・克雷格（Susanne Craig）和羅斯・布特納（Russ Buettner）精湛的報導和正直的性格，謝謝你們讓我同舟共濟，尤其是蘇珊娜，沒有字彙可以形容妳的堅毅、勇氣和鼓勵；致麗茲・史坦恩（Liz Stein）共伴旅程，讓這本書變得更好——並讓這段經驗更有趣且不寂寞（當然，還有尤達寶貝〔Baby Yoda〕）；感謝艾瑞克・阿德勒

（Eric Adler）不辭辛勞地給我建議，並在地方當鋪力挺我；感謝艾莉絲・法蘭克斯頓（Alice Frankston）在計畫之初就參與，在我還不相信之際深信不疑，且多次細讀每一字，次數多到我無法統計。我迫不及待想看到接下來發生的事。

最後，還有我的女兒艾佛瑞（Avary），妳比其他孩子更有耐心且體貼，我愛妳。

People

永不滿足：我的家族如何製造出唐納・川普

2020年9月初版　　定價：新臺幣370元

有著作權・翻印必究

Printed in Taiwan.

著者	Mary L. Trump
譯者	周辰陽
	季晶晶
	郭宣含
	陳韻涵
叢書主編	王盈婷
校對	呂佳真
	李偉涵
內文排版	極翔企業
封面設計	兒日

出版者	聯經出版事業股份有限公司
地址	新北市汐止區大同路一段369號1樓
叢書主編電話	(02)86925588轉5316
台北聯經書房	台北市新生南路三段94號
電話	(02)23620308
台中分公司	台中市北區崇德路一段198號
暨門市電話	(04)22312023
台中電子信箱	e-mail：linking2@ms42.hinet.net
郵政劃撥帳戶	第0100559-3號
郵撥電話	(02)23620308
印刷者	文聯彩色製版印刷有限公司
總經銷	聯合發行股份有限公司
發行所	新北市新店區寶橋路235巷6弄6號2樓
電話	(02)29178022

副總編輯	陳逸華
總編輯	涂豐恩
總經理	陳芝宇
社長	羅國俊
發行人	林載爵

行政院新聞局出版事業登記證局版臺業字第0130號

本書如有缺頁，破損，倒裝請寄回台北聯經書房更換。　ISBN 978-957-08-5610-1 (平裝)
聯經網址：www.linkingbooks.com.tw
電子信箱：linking@udngroup.com

國家圖書館出版品預行編目資料

永不滿足：我的家族如何製造出唐納・川普/ Mary L. Trump著．周辰陽、季晶晶、郭宣含、陳韻涵譯．初版．新北市．聯經．2020年9月．312面．14.8×21公分（People）

譯自：Too much and never enough: how my family created the world's most dangerous man

ISBN 978-957-08-5610-1（平裝）

1.川普（Trump, Donald, 1946） 2川普家族 3.家族史 4.傳記 5.美國

785.27 109013408